プロローグ

はじめまして！
秋田市で、声楽家、そしてアパートの大家さんをしている、菅原久美子です。
「ソプラノ大家さん」という名前で、ブログやメルマガも執筆しています。
実は、私は2年ほど前までは、ふつうの主婦でした。
ときどき、ステージに立ちながら、自宅で英会話教室をしていました。

私は、子どものころから、「いつかプロの声楽家になりたい！」という夢をもっていました。歌で生計を立てられる、自立した女性になりたいと思っていたのです。
でも、いつの間にか、夢にチャレンジすることを忘れ、日常の生活に満足しはじめていました。

そんなとき、東京で声楽の勉強をするチャンスが訪れたのです。

東京に通うのと同時に、声楽を続けていくための新たな収入源を作るべく、不動産投資をはじめました。

そして、今では、アパート5棟30室の大家さんになりました。


この本では、今まで私が実践してきた夢を実現する方法や考え方、不動産投資で新たな収入源を作る方法を、たくさんの人にお伝えしたいと考えています。


とくに、本の後半では、不動産（アパート）投資について、詳しく解説しています。

私自身、不動産投資では、たくさん失敗を経験してきました。

その失敗の中から、成功できたノウハウのみを凝縮して書いていますので、きっとみなさんのお役に立てると考えています。

「夢のために新たな収入源が欲しい」という方や、「これから不動産投資をはじめたい」という方にぜひ、参考にしていただけたらと思います。

声楽家として活動しはじめ、不動産投資で安定した収入を得られるようになったことで、私の生活は大きく変わりました。

具体的には、次の2つのことです。

生活にゆとりが生まれた

素敵な世界と出会い、新しい夢が広がった

では、私の生活がどのように変わったのか、少し紹介しますね。

自己投資にお金をかけられるようになった

今は、家賃収入があるおかげで、声楽のレッスンなどの自己投資に、時間とお金をかけられるようになりました。

「大家業に、時間を取られるのでは？」と思われるかもしれませんが、実はそうでもありません（詳しくは、4章に）。

定期的にレッスンを受け、それをもとに日々練習していると、ステージでの演奏が充実してくるのがわかります。

すると、聴きに来てくださった方々にも喜ばれますし、さらに演奏の仕事をいただくことができます。

納得がいくまで、しっかり練習する環境がもてるようになったことは、演奏家として、とても幸せなことです。


演奏会にも、ためらわずに行けるようになりました。有名な声楽家のリサイタルは、首都圏で行われることが多いです。

以前は、交通費や滞在費のことを考えて、ためらっていた演奏会などでも、「行きたい！」と思った時に、聴きに行けるようになりました。


また、私は声楽に限らず、さまざまなジャンルの演奏会に行きます。ジャンルは違っても、ステージでの魅せ方やステージに臨む姿勢など、勉強になることがたくさんあるからです。

美術や建築などの芸術を見るのも大好きです。

このような時間が、私の前へ進むエネルギーを生み出してくれます。

リサイタルを開催することができた

2010年には、日本有数のテノール、望月哲也氏と、ピアニストの鳥井俊之氏をお招きして、2回目のリサイタルを開くことができました。

私の夢の一つが叶った瞬間でした。

聖徳大学でお世話になった先生たちと共演できたことは、忘れられない貴重な経験でした。


トップレベルの演奏家と同じステージに立つことで、今までの自分が味わったことのない音楽の世界を感じることができました。

そして、今後の自分に必要なこと、勉強すべきことが見えてきて、「もっともっと、うまくなりたい！」というモチベーションが高まりました。

ですから、刺激を与えてもらえる人たちや環境があれば、私はためらわず、飛び込んでみることにしています。

2010年11月9日秋田アトリオン音楽ホールにて2回目のリサイタル

演奏会終了後、舞台袖での1枚。
左から鳥井俊之氏、私、望月哲也氏

長期滞在の旅行に行けるようになった

私は旅行が大好きです。最近は、「行ってみたいな！」と思ったら、長期間、出かけられるようになりました。

アルバイトやパートタイムなど、決まった時間に仕事をしていたときにはできなかったことです。

私のお気に入りは、札幌です。いつも、フェリーに車ごと乗って出かけます。札幌では、大通公園の近くのウィークリーマンションに、一週間ほど滞在するのが恒例です。

札幌はとてもきれいな街で、空気も澄んでいて本当にリフレッシュできます。折りたたみ自転車を車に積んでいくので、札幌市内は自転車で行き来します。大通公園にコーヒーを淹れて行き、ベンチに座って好きな本を読むのが何よりも幸せな瞬間です。

小鳥がさえずり、木々の香りが芳しく、太陽の光を浴びながらそよ風に吹かれていると、「生きているって素晴らしい！」って実感できます。

北海道では、札幌を拠点にして、他の地域にも出かけます。ニセコで自然を満喫したり、日高の牧場で乗馬体験をしたり。

好きな土地に長期滞在して、気持ちをリフレッシュ！　私の一番の楽しみです。

会社の社長になりたかった！
タレントや声優になりたかった！
独立開業したかった！
大学でもう一度研究したい！
あきらめていたことに、チャレンジしたい！

みなさんは、そんな夢をもっていませんでしたか？

ふつうの主婦で、不動産投資も素人だった私でも、自分の夢を叶え、充実した生活を送ることができるようになりました。

みなさんの夢を、今から叶えてみませんか？

難しそう…。なんて思わないで下さい。

だって、こんな私でも出来たのですから！

きっと読み終わった後、「なんだ！　こんなに簡単なことだったの！」と、思われることでしょう。

さぁ、準備はよろしいですか？

一緒に夢へと駆け出しましょう！

菅原　久美子

夢とお金をひきよせる
ソプラノ大家さん流アパート投資のヒミツ

＜目次＞

1章
ソプラノ大家さん誕生のヒミツ

2章
育んだ夢と挫折

3章
夢を叶えるため、不動産投資を開始

4章
ソプラノ大家さんのアパートの紹介

5章 ソプラノ大家さん流 アパート投資法

6章
ソプラノ歌手がリフォームまで出来てしまうワケ

7章
ソプラノ大家さん流「夢を叶える8カ条」

1章

ソプラノ大家さん誕生のヒミツ

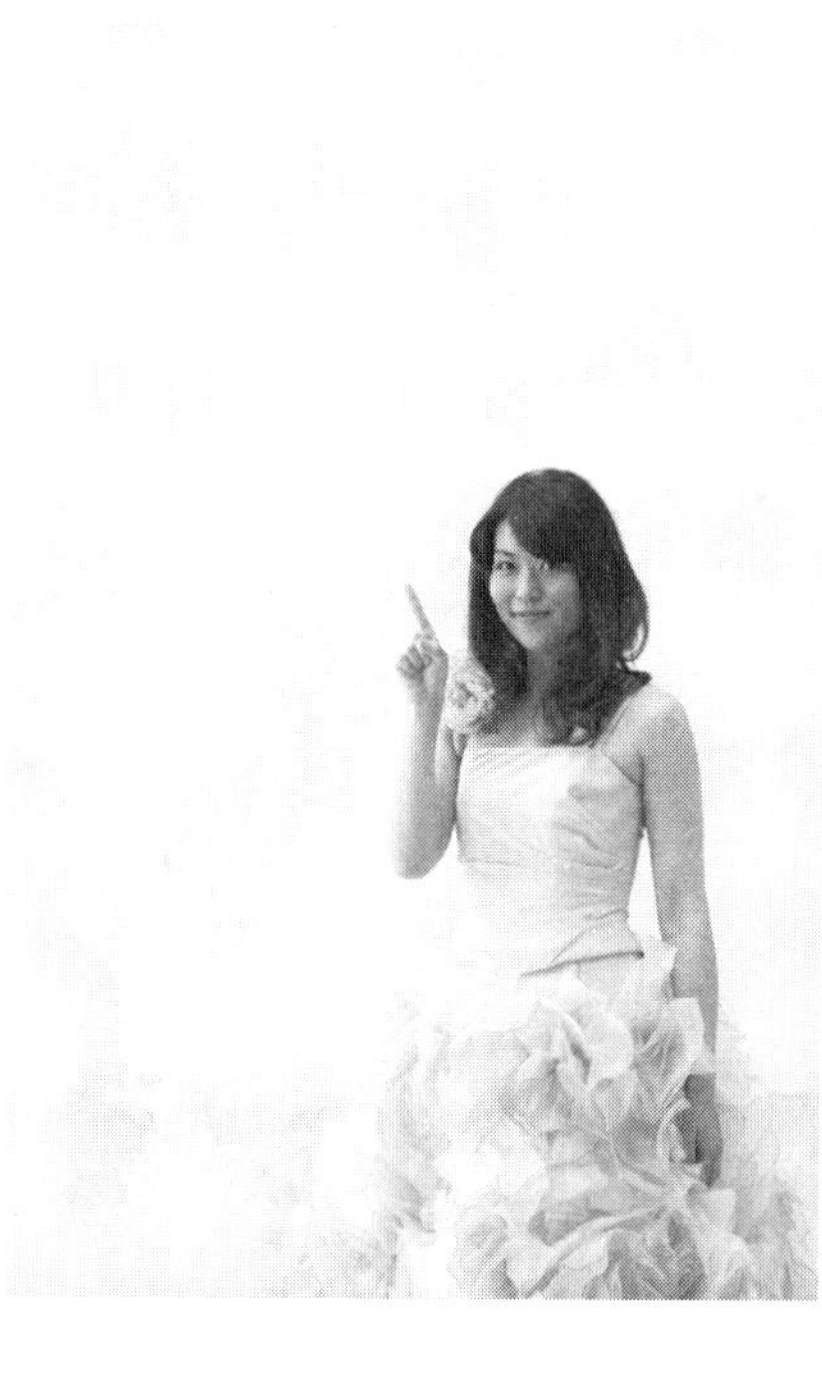

私は、ふだんは主婦として、仕事では、声楽家として秋田市で生活しています。

そんな私には、もうひとつの名前があります。

それが、「ソプラノ大家さん」です。

実は、私はここ2年ほどで、アパート5棟の大家さんになりました。

このことがきっかけで、不動産投資のコラムを執筆したり、セミナーなどでお話したりする機会をいただくようになりました。

2011年秋、日本最大の不動産チャリティイベント、「アパート経営フェスタ2011ファイナル」では、トークセッションに出演させていただきました。

1年前の自分からは想像できないほど、見える景色が変わりました。

本当に幸せなことだと思っています。

この章では、私の自己紹介も兼ねて、私がなぜ、「ソプラノ大家さん」として活動することになったのか、その経緯を紹介していきますね。

ソプラノ大家さんとしての活動

少し前までは、ふつうの主婦だった私が、雑誌や新聞の記事に掲載されると、周りの人たちから、とても驚かれます。

自分でも環境の変化にビックリしているくらいです。

不動産投資については、自分がはじめるまでは、「ちょっと怖い世界」とか「お金儲けをすること」という少しマイナスのイメージをもっていました。

ですから、ソプラノ大家さんとしての活動をはじめたころは、「周りの人たちからどう思われるだろう」とか「声楽の仕事に悪影響があるのではないか」という心配もありました。

でも、「ソプラノ大家さん」という名前のおかげで、声楽と不動産投資の２つの仕事が自然な形でつながりはじめてきました。

今は、ほとんどのみなさんが、「えっ、大家さんやっているの？　おもしろいねえ～」と言ってくださいます。

ソプラノ大家さんとしての仕事をしているときに、「今度、大家さんの会合で歌ってほしい」と歌の仕事が決まったことが何度もあります。

逆に、ずっと知り合いだった方が、実は不動産投資に興味があることがわかったり、お友達が家のリフォームや引っ越しの相談をしてきたりと、楽しいことがたくさん起こるようになりました。

周りのみなさんも、私の新たな一面を楽しんでくれているようです。

はじまりは、一枚の企画書から

今のような形で、私がメディアに出演したり、本を出版したりするようになったきっかけは、2010年の秋に、雑誌社に企画書を送ったことです。

なぜ、企画書を送ったのかというと、「いつか本を出版して、自分の考えを世の中の人に伝えられるようになりたい！」と、思っていたからです。

このときは「ふつうの主婦でも夢をつかめたこと」や「不動産投資のおかげで声楽を続けることができたこと」を伝えたいと考えました。

そして、不動産投資をはじめたいと思っている人たちや夢を実現できずにいる人たちに、勇気をもってもらいたいと考えました。

私は元来、ポジティブな性格です。

でも、このときは、企画が通る自信は全くありませんでした。

「秋田に住んでいたら、取材も大変だし、載せてもらえるわけがない」

「私よりも多くの物件をもっている人は、たくさんいる」

というように、ネガティブなことばかり浮かんできました。

それでも、「エイッ！」と企画書を送ってしまえば、あとは流れに身を任せるしかありません。

企画書を送ったのは、経済誌を中心とした4社です。そのうちの2社から、連絡がありました。

なんと「ダイヤモンド・ザイ」からは、「一度お会いして、お話を聞きたい」という返事をいただきました。

さっそく、住まいのある秋田から東京に出かけ、当時の「ダイヤモンド・ザイ」の編集長さんにお会いしました。

編集長さんは、私のプロフィールとキャラクターを「おもしろい！」と言ってくださり、「ぜひ、連載をしましょう!!」ということになりました。

小一時間の面談で記事の掲載が決まったのです。

「ソプラノ大家さん」という名前は、このときお会いした編集長さんに付けていただきました。

この名前があったから今があると思えるほど、私にピッタリのネーミングだと思っています。

ブログとメルマガをはじめ、セミナーに参加する

その後、12月の雑誌の発売に合わせて、ブログとメルマガを開始しました。せっかく雑誌に登場させていただくことになったので、自分の活動をどんどん発信していこうと思ったのです。

企画書が通ったことで、「自分のしていること」が周りの人から興味をもっていただけるという自信も出てきました。

ブログは多くの先輩大家さんが使っているアメブロを選び、デザインは業者さんにお願いすることにしました。

私は物事をなかなか続けられない性格なので、「ブログにお金をかけること」を

継続するモチベーションにつなげようと考えたのです。

この作戦は大当たり！

現在、ブログは多くの方に読んでいただいています。

ブログランキングにも登録すると、だんだんと上位にランクされるようになりました。


また、雑誌に出ることが決まってからは、不動産投資やネットビジネスのセミナーにも積極的に参加しました。

私が初めて参加したセミナーは、投資家けーちゃんこと、寺尾恵介さんのメルマガセミナーと、水戸大家さんこと、峯島忠昭さんの読者交流会でした。

その後、寺尾さんには、「満室経営新聞プレミアム」の執筆のお話をいただきましたし、峯島さんとは、本の中で対談をさせていただいています。

ラッキーなことに、初めて参加したセミナーの両方が、新しいお仕事につながったのです。

☆コラム執筆中！「満室経営新聞プレミアム」http://fudousantoushi-ec.com/premium/
☆対談！「入り口で決まる不動産投資儲けのルール」峯島忠昭（ごま書房新社）

あとで、私に声をかけてくださった理由をお二人にお聞きすると、「セミナーの時から印象に残っていた」ということでした。

そういえば、セミナーでは一番前の席に座り、人一倍質問をしていましたから、それがよかったのかもしれません。


このころから、ブログを通じて、新たなメディアの仕事が入るようになりました。するとさらに多くの人に私の存在を知っていただき、また新しい仕事をいただくという、サイクルができてきました。

この本の出版も、ブログや満室経営新聞プレミアムで私の活動を知った、ごま書房新社の編集者さんに、お声をかけていただいたのがきっかけです。

私の最近のあゆみ

ここまで、私がどのようにして、ソプラノ大家さんとして活動するようになったのか紹介してきました。

実は、私の人生が大きく変わりだしたのは、２００８年、東京に声楽を学びに行くことを決心してからです。

本格的に不動産投資をはじめたのも、まだ2年ほどなのです。

ですから、この数年は、私自身が乗り遅れそうなほどのスピードでさまざまなことが起こりました。

ここで、ここ数年の出来事をまとめておこうと思います。

2006年2月（28歳）・主人の母のアパートを建て替える。
2007年11月（29歳）・はじめてのソプラノリサイタルを開催する。
2008年4月・聖徳大学に科目等履修生として入学する。
・アナウンスとボイストレーニングの勉強をはじめる。
2009年12月（31歳）・3棟一括アパートを購入し、大家さんになる。
2010年3月・聖徳大学修了。銀座王子ホールでのコンサートに出演。
4月・建築を学ぶため、職業訓練学校に通う。
5月・ボイストレーニングと英会話の教室「スタジオ☆くみこ」を開設。
7月・結婚披露宴の司会者としてデビューする。
8月・雑誌に企画書を送る。
11月（32歳）・秋田で2回目のリサイタルを開催する。
・「ダイヤモンド・ザイ」に記事が掲載される。
12月・ブログとメルマガをはじめる。
2011年4月・満室経営新聞プレミアムのメンバーになる。

5月　・出版のお話をいただく。
7月　・峯島忠昭さんの本で対談をさせていただく。
10月（33歳）・アパート経営フェスタ2011に出演する。
・東京二期会、準会員になる。
11月　・2012ミス・ユニバース・ジャパン秋田大会、ビューティキャンプ講師となる。
2012年2月　・はじめての本を出版する。

実は、東京に通うことは、はじめは不安でいっぱいでした。不動産投資もセルフリフォームもアナウンスも、素人同然！

ましてや、メディアに出るなんて、想像すらできませんでした。

それが、1本1本の細い糸が、だんだん太い縄になるように、それぞれの仕事がつながってきたのです。

今はどの仕事もやりがいがあり、充実した毎日を送っています。

2章　育んだ夢と挫折

前の章では、なぜ、私がソプラノ大家さんとして活動するようになったのか、そのことについてどう感じているのかを書いてきました。

この章では、私の原点である、「プロの声楽家になる」という夢をどのように育んできたのかについて、書きたいと思います。

声楽を仕事にしているためか、私が資産家のお嬢様であると思われる方がいます。でも、実際はその逆で、実家はお金に恵まれてはいませんでした。

しかし、経済的には厳しくても、いつも「自分の好きなこと」、「本当にやりたいこと」に向かって、自分らしく生きてきました。

その中で育まれてきた、どうしても叶えたい夢が、プロの声楽家になるということだったのです。

それでは、私の生い立ちから話を進めていきます。

貧しかった幼少時代

私は、秋田市で生まれ、一人っ子として育ちました。両親と祖母と一緒に暮らしていました。大人に囲まれて過ごすことが多かったためか、大人びた面がある子どもだったそうです。

父親は、小さな貴金属店を経営し、真珠職人をしていました。

宝石は、売り上げにばらつきがあり、収入が安定していなかったそうです。

祖母が東京へ出張するときには、「お土産は何がいい？」と私に聞くと、いつも「お肉かお魚がいい」と答えていたそうです。

そんな、お肉やお魚が特別に思える暮らしをしていました。

小さいころは、歌うことが大好きな子どもでした。

カトリックの幼児洗礼を受けていたため、教会音楽が、私の最初に出会った音楽でした。

保育園でも、ひな段の上にのぼり、みんなの前で1曲歌いきるまでは家に帰らない、ちょっと困った子どもだったそうです。

また、生まれつき、転んでしまうほどの内股だったため、祖母にすすめられて3歳からバレエを習いはじめました。

初めてのバレエの発表会のことは、今でも鮮明に覚えています。

ピンクのチュチュを着て舞台に立つと、すぐ目の前にカメラを構えた父の姿を見つけました。

うれしくなった私は、「お父さん！　私のこと見てる？」と思い切りおすまししてポーズをとりました。そのとき、1500人の会場でドッと笑いが起こり、一気に注目を集めてしまいました。

もしかしたら、このときが舞台の楽しさを味わった最初かも知れません。

家族からもらった思い出

私の母は、製材所の娘として育ちました。

独身時代は輸入雑貨店を経営するおしゃれな人で、家には、良質な木材で作られたインテリアや、北欧のユニークなデザインの家具が置かれていました。

小学校のころに同居していた祖母は、洋裁学校の先生でした。

祖母は、「物は無くなっても、思い出は一生の宝物になる」という考え方をもっていました。

音楽などの芸術、海外旅行が趣味で、私は小学校のときにヨーロッパ旅行に4回も連れて行ってもらいました。

はじめての海外旅行は、小学校3年生のときでした。

スペインで見た、モンセラートの黒いマリア像や、鮮やかな色に彩られた街並み、ガウディの建築様式は、今でも心に残っています。

海外旅行や習い事の様子を見ていた人たちの中には、私は裕福な家庭に育ったと思っている方もいました。

でも実際は、両親が生活費を切り詰めて、習い事にお金をかけてくれていましたし、祖母は、年金を貯めて海外旅行に連れて行ってくれました。

愛情いっぱいに育ててくれた両親と祖母には、本当に感謝しています。

自由を手に入れた寮生活

それでも、小学校高学年になると、家での生活に息苦しさを感じるようになりました。

思春期に近づいたことと、私のことが家での話題の中心になり、家族の期待を一身に受けることが重荷になっていたのかもしれません。

ちょうどそのころ、私は「あしながおじさん」の世界に憧れるようになりました。「あしながおじさん」の主人公ジュディのように、寄宿舎生活をしてみたいと思ったのです。


そこで私は、秋田市にある聖霊女子短期大学附属中学校・高等学校へ進むことを決心しました。寮に入りさえすれば、自由が手に入る気がしていました。

しかし、そこは私立の女子中学校です。入学金や授業料が高く、進学するためには、学費が免除の特待生になる必要がありました。

でも、当時の私の成績はさっぱり。

それからは、勉強の日々がはじまりました。

猛勉強のおかげで、幸い試験に合格し、特待生として聖霊学園に入学しました。

憧れの寮生活もスタートしました。

私が生活した「信愛寮」は、中学校1年生から高校3年生までの寄宿舎で、修道院と同じ建物の中にありました。

舎監のシスターと若い女性の先生の指導の下、時間割通りの規律正しい生活を送りました。

ずっと兄弟がほしかった私は、何十人ものお姉さんができたことが本当にうれしくて、寮生活を満喫しました。

私は、小さいころから、誰とでもすぐに仲良くなれる特技があったので、入学当初から先輩たちと積極的に交流し、生徒会の仕事もがんばりました。

留学先で見つけた夢

寮には、アメリカ留学から帰ってきたばかりの高校生の先輩がいました。

先輩の留学先でのお話を聞くうちに、いつしか自分も留学を夢見るようになりました。

そして、中学校3年生の時、（財）ＹＦＵ日本国際交流財団の交換留学制度の試験を受けます。

合格したときは、迷わず留学先をアメリカに決めました。

このときの留学費用も、家族がかなり無理をして工面してくれたようでした。

留学先の学校は、フロリダ州のLake Howell高校でした。

最初の1ヶ月は英語がわからず（スペイン語との区別さえも付きませんでした）、日本人にも会えず、寂しい思いもしました。

1ヶ月くらい経って、親友と呼べる友達と運命の出会いをします。

きっかけは、栄養学のクラスで隣に座っていた女の子に「折り鶴」をあげたことでした。

彼女は、プエルトリコ系で栗毛色の長い髪と、クリクリした瞳がとても印象的でした。

ホストファミリーは、プエルトリコから移民してきたスペイン系の家族です。ママとお姉さんと妹が、私にとてもやさしく接してくれました。

家は一階建てで、玄関を入ると、すぐに広々としたキッチン、リビングがありました。

リビングの向こうには庭があり、なんと、プールもありました。

パパがプールの掃除をしたり、自宅をメンテナンスしたりする様子を見るのも好きでした。

高校の合唱の授業は、私が声楽をはじめるきっかけになりました。

イタリア系の音楽の先生は、たくさんのコンクールや合唱のオーディションなどに参加させてくれました。ディズニーワールドでのセレモニーにも参加したことがあります。

先生は私にたくさんのピアノ伴奏の機会をくれました。

伴奏をしながら、友人たちの歌を聴いているうちに、「私も歌いたいな」と思うようになりました。

東京芸術大学受験を断念

フロリダで声楽と出会った私は、「もっとうまくなりたい！」と考え、秋田で先生を探しはじめました。

声楽の先生は、思ったよりも少なく、やっとの思いで見つけることができました。

初めてのレッスンは、今でもはっきりと覚えています。

１９９５年、12月30日。その日は、雪が降っていました。

40分近くバスに乗って、バス停におりると、しんしんと降る雪の中、先生が待っていてくれました。その光景は、15年以上経った今でもまぶたに焼き付いています。

先生は、イタリア留学から帰国したばかりの素晴らしい実績のある方でした。

にもかかわらず、留学によってアメリカンナイズされていた私は、「レッスン時

間は半分でいいので、お月謝をディスカウントしてくださいぃ!!」と、レッスン代の値引き交渉をしていました（笑）

思えば、これが私のはじめての値引き交渉でした。

今思い出しても本当に恥ずかしい！

その後、秋田県の音楽コンクールに出場、グランプリを獲得しました。この賞では、初の高校生のグランプリだったそうです。

このころの私は、思い通りの声で、自由に歌うことができ、歌うことへの自信を深めていました。

そして、高校の合唱部の先生のすすめもあり、東京芸大への進学を心に決めたのです。

私は中学校受験も、留学も、自分の意思で決めて、それに向かって努力してきました。

しかし、芸大受験だけは違いました。

秋田から東京の大学に入るためには、入学金や授業料のほかにも、多くの生活費がかかります。それに、東京芸大は現役で入ることが難しく、ほかの大学に比べてさまざまな経費がかかることもわかっていました。

このときばかりは、自分のわがままを押し通すことはできませんでした。

結局、奨学金や低所得家庭への支援制度を使って、秋田大学教育文化学部に進学することになりました。

芸大受験をあきらめたことは、私の人生において、初めてともいえる大きな挫折でした。

夢と現実のギャップに苦しんだ大学時代

高校時代とは対照的に、大学時代は苦しい思いの連続でした。

自分で決めたはずなのに、芸大をあきらめたことへの後悔が、ずっと消えませんでした。

実家から通える秋田大学の音楽科に入ったものの、

「東京ではどんなことを習うのだろう?」

「もっと音楽の勉強がしたい」

という思いばかりが募っていました。

また、ストレスのせいか、高校時代に出ていた声も出なくなってしまいました。

大学時代の4年間は、本当に歌うことが苦しくて、まるで、真っ暗なトンネルの中に一人取り残されたようでした。

「大学をやめようか」と何度も思いましたが、不思議と歌をやめようとは思いませんでした。

こんな状況の私を救ってくれたのが主人との出会いでした。

つき合いはじめてからは、日々のストレスや不安が消えていくのがわかりました。

そして、大学卒業後、1年で結婚することになりました。

こんなに早く結婚することになるとは思っていませんでしたが、主人は穏やかな人で、一緒にいると、とても安心することができました。

義母の入院と3000万円の借金

結婚で平穏のときを手に入れた私でしたが、私生活では数々の苦難がありました。

私の母は、結婚の1年前から体調を崩し、半年間の入院をしました。

退院後も体調の不安がつきまとい、心配はつきませんでした。

また、同居していた主人の母は、長年パーキンソン病を患っていました。

パーキンソン病というのは、脳の中のドーパミンが不足して、筋肉が萎縮したり、笑顔がなくなったりしていく病気です。

結婚1年後には、認知症がひどくなり、入退院を繰り返すようになりました。

その後、母はグループホームから、老人保健施設へ移り、現在は終末医療の病院に入院しています。

結婚してから、ずっと一緒に生活していた家族と別々に暮らすことは、胸が張り裂けそうな思いがしました。

主人の母が入院することになって問題になったのが、母が自主管理していた築35年のアパートでした。

このアパートには、外階段が二つ付いていたのですが、管理会社さんから「サビが原因で倒壊の危険がある」と連絡を受けたのです。

階段の修理にかかる費用は400万円。

「いっそのことアパートをやめようか」とも思いましたが、「場所もいいですから建て替えがいいと思いますよ」という管理会社さんの言葉を信じ、建て替えることを決意しました。

このときに借りたお金が、約3000万円。「こんなに大きな借金をして、本当に大丈夫だろうか」という漠然とした不安がありました。

一方で、声楽では大学時代の大きなスランプから、少しずつ回復していました。思うような声が戻ってくると、コンクールで入賞したり、大きな演奏会の仕事をいただいたりして、人前で歌う機会も増えてきました。

それでも私の中では、「あの時、芸大に進んでいたら」という思いが消えることはありませんでした。

赤字でもうれしかったリサイタル

音楽に詳しい方ならご理解いただけると思いますが、声楽を続けるには、かなりの費用がかかります。

有名な先生のレッスンは1時間1万円以上、演奏会で着るドレスも、1着10万円くらいはします。

毎回同じドレスを着るわけにもいかず、リサイタルなどは着替えもしますから、色違いのドレスが数着必要になります。

また、声楽が上達するためには、定期的に演奏の機会をもたなければいけません。そのため、定職に就くのも難しいのです。

声楽を続けている方の多くは、結婚式の聖歌隊の仕事をしたり、時間の融通がきくパートをしたりしながら生活しているのが現実です。

演奏家の夢である、自分のリサイタルを開くには、さらに費用がかかります。会場使用料、ポスター・チラシの印刷代、ピアノ伴奏者や共演者への謝礼などです。

大きい会場を借りてリサイタルを開くと、百万円近い費用がかかります。ですから、演奏家にとってリサイタルを開くことは、実力、金銭の両面で、とても難しいことになっています。

私の場合は、結婚3年目に家族の応援もあり、幸運にもリサイタルを開くことができました。

2006年11月27日、初めてのリサイタルを開催。たくさんの方々に来ていただき、精一杯歌う喜びを味わうことができました。

しかし、このリサイタルでも、前に書いた費用がかかり、結局、トータルで50万円以上の「赤字」となってしまいました。

東京で声楽を学びたい

私の初めてのリサイタルは、自分の中では力を出し切った満足のいく内容でした。でも、「オペラをしっかりと勉強していない」ことがコンプレックスになっていました。

そして、このリサイタルの次の日、運命の瞬間が訪れました。

リサイタルでピアノを弾いてくださった先生の紹介で、オペラを勉強するお話をいただいたのです。

それは、「聖徳大学で科目等履修生として、学ばないか」というものでした。

聞けば、聖徳大学では、今をときめく著名な声楽家が講師を務めており、先生方と共演しながらオペラを学ぶことができるのです。

しかし、このお話を受ければ、週に1回、2年間東京に通うことになります。

1回東京に行くと約5万円（ミニ新幹線「こまち」往復＋宿泊代）、それが年40回×2年間。単純に計算してみても、学費のほかに400万円以上の費用がかかります。

その日から、将来のこと、費用のことなど、何度も主人と話し合いました。

これまでにも、リサイタルやレッスン代、衣装代など、たくさんの経費がかかっています。でも「やっぱり東京で勉強してみたい！」という思いが湧き上がってきます。

結局は、その思いを主人が理解してくれて、「そんなにやりたいなら、行ってみたら」と言ってくれました。

「これでやっと夢が叶う」という期待と、「いつかは恩返しがしたい」という感謝の気持ちで胸がいっぱいでした。

子どものころからずっと願っていたことが、現実になった瞬間でした。

30歳で叶った学生時代からの夢

こうして私は30歳になって、大好きな声楽を中心とした新しい人生のスタートを切りました。

聖徳大学での歌のレッスンは、私が夢にまで見たものでした。

授業では、テレビにも出演している有名なオペラ歌手の先生方が、私の演技の相手役を務めてくださいました。

キャンパスライフも楽しい時間でした。

学生さんたちは、年齢的には10歳以上も離れています。

初対面の時から、「先輩！」と声をかけてくれて、共に学ぶ仲間という感覚でした。

そして、大学に通い出して1年がたったころから、多くの演奏会の依頼が舞い込むようになりました。

東京の歌い手さんが秋田で歌うときに、メンバーの一員として声をかけてもらったり、銀座の王子ホールや新宿のロビーコンサートなどで歌う機会もいただきました。

歌うことについては、充実した日々が送れている実感がありました。

3章

夢を叶えるため、不動産投資を開始

念願の夢が叶った一方で、東京に通うことで増えた経済的な負担は、想像以上のものでした。

何度もやめようかと迷いましたが、やっと進み出した道を簡単にあきらめるわけにはいきません。

そこではじめたのが、本書のテーマでもある「不動産投資」です。この決断によって、私の人生は大きく動きはじめたのでした。

この章では、私が不動産投資をはじめたきっかけと、そのために実行したことを中心に書いていきます。

節約と苦悩の日々

東京で本格的に声楽を学ぶという夢が、30歳にして現実になりました。

しかし、東京に通いはじめたことで、悩みも多くなりました。


まず、家族と過ごす時間がかなり少なくなりました。毎週月曜日の夜に東京へ出発し、秋田に戻るのは木曜日の朝です。

週の約半分しか家族と過ごすことができません。

自分で決断したことですが、家族に迷惑をかけているという意識がとても強くなっていました。


もう一つは、経済的な負担です。

大学に通うためには、2年分の学費がかかります。

それに、私は秋田から通うことになるので、交通費や滞在費などで月に20万円程度の出費になりました。

それまで自宅で行っていた英会話教室や家庭教師の仕事をやめざるを得なくなったことも、家計の苦しさに拍車をかけていました。


そこで、この経済的な問題を解消するために、最初に取り組んだのが、節約でした。

まずは、一番大きな経費である、交通費と宿泊費の節約です。

それまでは、秋田新幹線「こまち」で、往復3万6千円、宿泊費2泊で1万2千円がかかっていました。

それを、高速バスで往復1万6千円、ネットカフェ1泊2千円に変更しました。

この「高速バス+ネットカフェ作戦」で、週に約2万8千円の節約です。

高速バスは、揺れや音が気になり、はじめはなかなか眠ることができませんでした。

シートが完全にはフラットにならないため、疲れがとれなかったり、体が痛くなったりしました。

でも、2年間通い続けた今では、耳栓とアイマスク、そして喉を守るショールがあれば、高速バスでも熟睡できるようになりました。


夜は、ネットカフェに泊まりました。人に話すと、「えっ、ネットカフェに泊まっているの？」といつも驚かれました。

完全な個室ではないので、となりの人の話し声が聞こえてきたり、物音がうるさかったりします。それでも、ネットカフェにはシャワーもあり、飲み物や食べ物もあるので、私には十分でした。

今振り返ると、これもいい経験だったと思います。


もちろん、ふだんの食費も切り詰めました。外食を控えたり、スーパーの特売情報をチェックしたりして、買い物をしました。節電、節水などにも気をつけるようになりました。

これで、毎月の生活費はかなり節約できるようになりましたが、それでも出費の方がはるかに多いのです。

それに、この2年間を何とか乗り切ったとしても、声楽家を続けていくにはたくさんの費用がかかります。

私の中には、「このまま歌い続けるのは難しいのではないか？」という思いが芽生えていました。

収入を増やすための二つの目標

でも、ここで、あきらめたら夢を実現できるはずがありません。

「何かいい方法があるはず！」

私の挑戦の炎はめらめらと燃えてきました。

そこで、「東京に通いながら収入を得るには、どうしたらいいのか」を必死で考えるようになりました。

そして、新たな収入源を作るための短期的な目標と長期的な目標を立てることにしたのです。

私が考えた、短期的な目標は「収入を得られるスキルを身につける」ということです。

そして、長期的な目標は、「不動産投資をはじめる」ということにしました。

アナウンスとボイストレーニングを学ぶ

私は、まず短期的な目標に取り組みはじめました。

新たな収入を得られるスキルとして考えたのは、「アナウンス」と「ボイストレーニング」です。

この二つを選んだ理由は、私のこれまでの経験が生かせると考えたからです。アナウンスは、声楽をやっているので、発声の基本はできているはずです。ボイストレーニングは、指導法さえ学べば、自分もボイストレーナーになれると思っていました。

この二つも約1年間、専門の学校に通って勉強しました。もちろん、学費はさらにかかりますが、これは先行投資と割り切りました。「絶対に技術を身につける！」という覚悟でがんばりました。

予想通り、学ぶことはこれまでの経験を生かせることが多く、新しいこともどんどん吸収できました。

週に、実質2日間の東京滞在で、日中はオペラとミュージカル、夜は専門の学校。スケジュールはびっしりでした。

この作戦は、結果的には大成功でした。

アナウンスを習ったことで、結婚披露宴やさまざまな会合の司会の仕事をいただけるようになりましたし、ステージでのMCにも生かすことができました。

そして、東京での2年間の勉強が終わった、2009年5月に、自宅にボイストレーニングと英会話の教室、「スタジオ☆くみこ」を開設しました。現在は、約50名の生徒さんが在籍しています。


2011年、11月には、2012ミス・ユニバース・ジャパン秋田大会ビューティーキャンプ講師の仕事もいただきました。

ボイストレーナーの立場から、夢をもつ女性のお手伝いをする仕事です。ビューティキャンプでは、彼女たちが日々努力し、素敵な女性に変わっていく姿を間近で見ることができました。

私自身も刺激を受けた、とてもやりがいのある仕事でした。

不動産投資をはじめることを決意

一方で、長期的な目標として決めたのが、「不動産投資をはじめる」ことでした。

なぜ不動産投資なのかというと、理由は二つありました。

一つ目は、不動産投資は、時間をあまり取られない仕事だからです。

声楽のリサイタルなどを開催しようとしたら、練習時間や打ち合わせの時間など、不定期に多くの時間がかかります。

ですから、時間が自由に使える大家業は、私にとって最適でした。

二つ目の理由は、不動産投資は意外に身近なものだったからです。

前にも書きましたが、主人の母が所有していたアパートを建て替え、すでに私たちが経営を引き継いでいました。

このころは、不動産投資について勉強をしていませんでしたし、規模を大きくしていこうという気持ちもありませんでした。

しかし、よく考えてみると、このアパートは新築してから満室が続き、安定した収入が得られていたのです。

どうしても新たな収入源が必要だった私は、この二つの理由から不動産投資をはじめることを決意したのです。

本とDVDで不動産投資を学ぶ

「不動産投資をする！」と決めてからは、さっそく勉強をはじめました。

とはいっても、周りに不動産投資をしている方がいなかったので、勉強は、本とDVD教材が中心です。

本屋さんで売っている不動産投資関連の本は、ほぼ全て読み、移動の高速バスの中では、音声教材を繰り返し聞いていました。

不動産投資の勉強と並行して、物件探しもはじめました。

まずは、地元の不動産屋さんに勤める友人に、物件の紹介を頼むことにしました。

この友人は、小学校のクラスメイトで、1棟目のアパートを建て替えたときに、偶然、私たちの担当者になったのです。

会うのは、小学校以来で、本当に驚きました。この偶然の再会も、私の不動産投資を大きく後押ししてくれることになりました。

しかし、私の住んでいる秋田市には、そもそもアパートの売り物件は多くありません。

この地域の物件を狙う投資家も少ないので、ほとんどの物件は長期間、市場に放置されているような状態でした。

それでも不動産屋さんに紹介してもらったり、ネットで見つけたりして、物件を見て回るのですが、はじめは何を基準に見ればいいのかも全くわかりません。

また、たくさんの業者さんに物件を見せていただくようになると、不動産屋さんたちの個性の強さに驚かされました。

物件をほめちぎって、こちらの意向など関係なく売りつけようとする人や、女性と知ると、全くやる気のない態度を取る人など、さまざまな人がいました。

ご縁が運んできた物件

約1年近く、地道に物件回りを続けていましたが、それでもピンとくる物件はありませんでした。

そんなある日、友人に物件を案内してもらっていると、「ちょっと高いけどいいアパートがあるから見てみる?」と紹介されたのが、後に購入することになるレンガ造りの3棟一括、全18室のアパートでした。

私は、このアパートを見たとたん、一目惚れ！

「いつか私のアパートになる!!」という予感がしました。

この3棟一括の物件については、4章で詳しく書きますが、私が見たときは1億2000万円でした。売り出し当初の価格は、1億6000万円だったそうです。

「1オク…」。今まで意識すらしたことがない金額に呆然としました。

「絶対にムリ！」です。

主人も「あの物件は素敵だけど、ケタが違うよね。どう考えても無理だろう」と話していました。

今思い返すと、不動産投資をはじめるための最も大きな障害は、「借金を背負うことへの恐怖感だった気がします。

とくに私は、子どものころに、2度も立ち退き勧告を受けたり、裁判をしたりという経験をしていたので、なおさらでした。

それでも、「あの素敵な外観のアパートをもてたら、どんなにいいだろう」と、考えるだけでワクワクしてきます。

どうしてもあきらめきれず、友人に相談してみると、「あの物件の所有会社を知っているから、交渉してみるよ」といってくれたのです。

私の胸は、ワクワクとドキドキで高鳴っていました。

アパート購入を決断

不動産屋さんに勤める友人が相手方と交渉すると約束してくれたので、まずは買った場合のシミュレーションを立ててもらうことにしました。

この時点での満室時の表面利回り（※表面利回りについては、79ページで説明しています）は約10％です。

このアパートは外観がオシャレなことと、レンガ造りなので外壁の補修の必要がないことがよいところでした。

しかし、デメリットもあります。アパートがシングル向けの造りで部屋があまり広くないこと、部屋数に対して駐車場が2台分少ないことです。

そうしているうちに、朗報が入りました。

物件の価格が「8000万円くらいまで下げてもらえそう」というのです。

でも、不思議なことに「やった、買える！」という気持ちにはなりませんでした。不動産投資にかかるお金はとても高額なので、いくら楽天家の私でも「これを買って本当に大丈夫だろうか」という気持ちが強かったのだと思います。

それでも、どうしても安定した収入源がほしいことを、家族ともう一度確認し、「このアパートに懸けてみよう！」ということになりました。

やっとのことで購入を決断したのですが、思わぬところでストップがかかります。主人の仕事の関係で、「事業規模（5棟10室以上）の不動産経営はできない」ことがわかったのです。

不思議なもので、こういうハプニングが起こると、がぜん「どうしても欲しい！」という気持ちが湧いてきます。

何とかならないかと、お世話になっていた銀行に相談してみると、そこでも思わぬ偶然が！

担当の銀行員さんと不動産屋さんの友人が中学校時代の同級生だったのです。

この偶然もあり、みんながいろいろな方法を考えてくれました。

そして、何とか私名義でもローンを組めることになったのです。

購入金額は、８２００万円。値引き交渉のおかげで、表面利回りは約14％になっていました。

Column

みんなが幸せ、ハッピーアパート経営

主人のお母さんのアパート経営が、素敵だったなあと思っています。

今思うと、それは、まさにハッピーアパート経営でした。

お母さんは、以前、魚屋さんを経営していて、その収入を貯めて、アパートを買ったと言っていました。

大家さんの仕事も魚屋さんの仕事の空いた時間にやっていたそうです。

お母さんは、

「魚屋をやめても、家賃収入があったおかげでとても助かった」

とよく話していました。

当時は、入居者さんが「通い帳」をもって、家に家賃を払いにきてくれます。

そうすると、お母さんは一人一人と親子や友達のように世間話をしていました。

そして、仕事帰りの人にはビールを、女性には野菜をというようにお土産を渡して、「困ってることない？」などと聞いていました。

そんなこともあってか、そのときアパートに入居している人たちは、ほとんどが入居者さん同士の紹介で入ってきていまし

た。今ではなかなかありませんよね。

また、物件に猫好きの人がいて、お母さんに内緒で猫を飼いはじめたことがありました。

その数、何と10匹！！

そのときもお母さんは根気強く説得し、猫の次の飼い主まで見つけてきていました。

その行動力には驚かされました。

その後、お母さんは体調を崩してしまい、アパートの経営はできなくなりましたが、入居者さんたちが、アパートの周りの掃除や草むしりをしてくれていました。それを聞いたときは本当に感動しました。

リフォームが必要になったときもお母さんは、今で言う分離発注方式で、畳屋さんからトタン屋さん、大工さん、水道屋さんなど全ての職人さんと良好な人間関係を築いていました。

電話一本ですぐに飛んできてくれる関係でした。

入居者さん、業者さん、大家のみんなが幸せになるようなアパート経営。

とっても素敵ですよね。

時代は変わりましたが、私は新しい形のハッピーアパート経営を目指していきたいと思います。

4章 ソプラノ大家さんのアパートの紹介

この章では、私（ソプラノ大家さん）のアパートを紹介したいと思います。

前にも書きましたが、私が不動産投資をはじめたときは、本当に初心者だったため、投資のスタイルが定まっていませんでした。そのため、結果としてさまざまなタイプの物件をもつことになりました。

私が所有しているのは、新築したアパート、築1年で買った3棟一括アパート、築17年で買ったアパートです。

それぞれの物件には、異なった特徴があるので、どのようなものを買うと、どのくらいお金がかかるのかなどについて、私の物件を例に紹介していきます。

物件の購入や管理について、学んだことや失敗談なども書いていきたいと思います。

みなさんの投資の参考にしていただければ幸いです。

不動産投資ってどんなもの？

不動産投資で収入を得るには、

- **物件を安く買って高く売る方法**
- **物件を買って貸し出す方法**

この2通りがあります。私がしている大家業は、「物件を買って貸し出す方法」

正確には、**「物件を貸し出して家賃収入を得る」**という方法です。

不動産投資家の中には、どんどん物件を増やしていく方がいます。

なぜ、そんなに規模を大きくしていけるのかというと、不動産投資では、買った物件の家賃収入の中から、月々の支払いができるからです。

そして、残ったお金を貯めて、次の物件を買うという流れを作ることができるのです。

ほかにも不動産投資のいいところは、株式などの投資に比べて安定性があることです。毎月、ほぼ決まった収入が望めますし、景気が悪くなっても、家賃はそれほど下がることがありません。

銀行からお金を借りて投資ができることも、ほかの投資にはない不動産投資のよさです。

私の場合は、どの物件もフルローンでお金を借りています。私たちがこれまでに使った自己資金（約1千万円）に対して、1年間のキャッシュフロー（ローン返済後の現金収入）は、５００万円ほどあります。

こう考えると、とても効率のよい投資になっていることが、おわかりいただけると思います。

大家さんは、どんな仕事をするの？

大家さんには、専業大家さんとサラリーマンなどをしている兼業大家さんがいます。

兼業大家さんの場合は、不動産の管理を業者さんにお願いしている方が多いと思います。

私も管理会社さんにお願いしています。

管理会社さんが、どのような仕事をしてくれるのかというと、入居付けから、日々の管理、クレームの処理まで、ほとんどすべての仕事をしてくれます。原状回復やリフォームの手配なども管理会社を通じて、依頼することができます。

これらの仕事をしていただいて、管理料はだいたい家賃の５％です。

では、私はどんな仕事をしているのかというと、

☆入居者募集用のパンフレット作り
☆退去後のハウスクリーニング
☆クロスの貼り替えなどのリフォーム作業
☆日常の物件清掃
☆客付け業者さん回り

などです。

仕事が多いように思われるかもしれませんが、そうでもありません。パンフレットなどは一度作ってしまえばずっと使えますし、業者さん回りも空室が出たときだけです。

私が不動産投資に使っている時間は、週に1時間にも満たないと思います。

基本的に自分のできる時間に、自分のペースで仕事ができるのです。

ですから、私のように、ほかに本業をもっている方でも十分にこなせる仕事量です。

不動産投資の大事な指標「利回り」

みなさんは、「利回り」という言葉は知っていますか？

物件の紹介に入る前に、利回りについて、説明しておきますね。

利回りというのは、満室時の年間家賃収入を物件の購入価格で割ったものです。

満室時の年間家賃収入÷物件の購入価格×１００＝表面利回り

たとえば、１０００万円で購入して、年間家賃収入が２００万円の物件があるとします。

前の式に当てはめると、

200万円÷1000万円×100＝20％

となりますよね。ですから、この物件の利回りは、20％です。

この利回りは、表面利回りといって、物件を絞り込むときなど、ざっくりと計算するときに使います。

これに対して、物件を本格的に検討するときには、実質利回りを使います。

これは、年間家賃収入から、物件の管理費用や税金などの経費を引いたもので計算します。

（満室時の年間家賃収入－年間の経費）÷物件の購入価格×100＝実質利回り

ちょっと、難しく感じる方もいらっしゃると思いますが、物件を数多く見るうちに自然にわかってきますから、大丈夫です。

それでは、これから私の物件を詳しく紹介していきますね。

物件1
「官庁街近くの1Kアパート」

【物件1の基本情報】

表面利回り　14％

☆所在地　秋田市　　☆建築年月　平成18年3月

☆構造　木造　　☆購入金額　2887万円

☆融資　3000万円　15年（変動1・75％）

【物件取得にかかった諸費用など】

合計　491万3600円

☆代願料　44万1千円　　☆解体工事費　236万2500円

☆不動産取得税　44万4600円　　☆火災保険（15年間）　27万円

☆登記費用そのほか　16万5500円　　☆立ち退き費用　123万円

モノトーンのシャープで粋な感じの外観です

シンボルツリーや自転車置き場もあります

この物件は、主人の母が所有していた築35年のアパートを、建て替えたものです。

建て替え前に、すでにローンは終わっていて、全6室は満室でした。

間取りは、1LDKで、年間200万円以上の収入がありました。

しかし、築35年が経っていたことから、外階段が老朽化し、倒れる危険がでてきました。

外階段の修理の見積もりを取ると、とても高額だったため、新築に建て替えることにしました。

このアパートは、官庁街に近く、スーパーや飲食店も多い立地でした。

「将来的にも空室リスクは少ないでしょう」と管理会社さんからアドバイスされたことが、新築アパートを建てることにした理由です。

建て替えた後の間取りは1Kのシングル向けで、全6室です。

アパートの玄関ドアはオートロックで、防犯にも気をつかった造りになっています。

敷地にも余裕があり、自転車置き場やシンボルツリーを植えるスペースがあります。

今後、入居付けに苦労することになったら、そのスペースに入居者用の物置を建てようと考えています。

アパートの建て替え費用は、地元の地方銀行から借りています。

ローンは、主人がプロパーローンで借りたおかげで、保証料がかからず、低金利で借りることができました。

ローン期間は15年。その後、2度の金利の引き下げをしていただき、現在の金利は1・75％です。

この物件の管理は、業者さんに任せ、90％の家賃保証（サブリース）をつけています。ですから、管理費として、残りの10％を管理会社さんに支払います。

サブリースの物件では、募集方法や家賃の決め方、原状回復の方法など、すべて管理会社さんにお任せすることになります。

また、家賃保証とはいえ、契約更新のときに、保証賃料を下げられる可能性もあります。

サブリースについては、安心なところもある反面、このようなデメリットもあります。

「官庁街近くの1Kアパート」から学んだこと

①建て替え新築には、お金がかかる

このアパートには、建て替え前に入居者がいたため、さまざまな手続きや立ち退き費用が必要になりました。

まずは、建て替えの半年前に、「退去のお願い」の手紙を書き、あいさつに行きました。

退去のお願い
4月
↓
退去完了
9月末
↓
解体作業・建築
11月
↓
募集開始
3月

あいさつの時期は、2~3月の引っ越しシーズンにアパートが完成するように、逆算して時期を決めました。

立ち退き費用としては、1部屋当たり、家賃の6ヶ月分（3万円×6）の18万円を考えていました。

これは、管理会社さんから教えてもらった「一般的な相場」です。

しかし、結果的にはそれ以上の費用がかかりました。

「次のアパートに合う大きさの洗濯機に買いかえなくてはいけない」
「引っ越し費用がもっとかかる」
「この機会にテレビを買いかえたい」

など、さまざまな理由で、立ち退き費用の増額を求められたからです。

「ここまで払う必要はないのでは？」とも思いましたが、立ち退きが遅れないことを第一に考え、支払うことにしました。

また、立ち退きをお願いしても、入居者が退去した時期はバラバラでした。

もし、すぐに全室退去していただければ、着工を早められましたが、結局、期限ぎりぎりの6ヶ月間かかりました。

立ち退きにかかった6ヶ月間と、そのあとの建築期間も含め、約10ヶ月間は、家賃収入がありません。

その上、立ち退き費用がかかってしまうという、かなり苦しい時期でした。

ほかに建て替えにかかった大きな費用は、アパートの解体費用です。

近ごろは、廃棄物の分別がきびしくなったため、解体費用が高くなっているそうです。私のアパートでは、約236万円の費用がかかりました。

②建築コストはかけすぎるとキリがない

このアパートでの反省点は、建築コストをかけすぎたことです。

マイホームを建てるときのように、いい部材を使い、最新の設備をつけたので、建築コストがかなり高くなってしまいました。

土地代はかかっていないのに、実質利回りは10％ほどしかありません。コストパフォーマンスをしっかり考えて計画していれば、もう少し利回りがとれていたはずです。

ただ、建築コストがかかった分、とてもスタイリッシュなアパートになりました。

今は、最も手がかからない物件で、順調に満室経営を続けています。

物件2・3・4

「レンガ造りの3棟一括アパート」

【物件2・3・4の基本情報】

表面利回り　14％

☆所在地　秋田市

☆建築年月　平成20年9月

☆構造　木造

☆購入時期　平成21年12月

☆購入金額　8200万円

☆融資　8600万円 18年（変動2・0％）

【物件取得にかかった諸費用など】

合計　951万4560円

☆売買仲介手数料　258万3000円

☆火災保険代　100万6560円

☆登記関係費・司法書士報酬　154万7000円

☆不動産取得税　147万3000円

☆売買契約印紙代　4万5000円

☆ローン保証料　286万円

レンガの色合いが少しずつ変わっています

外壁のレンガは耐久性・防火性に優れています

このアパートは、2008年10月に新築され、3棟一括で1億6000万円で売りに出されていたものです。

ところが、その後のリーマンショックなどの影響で、ずっと買い手がつかない状況だったため、2009年12月に、8200万円で買うことができました。

このアパートは、3棟のレンガの色が少しずつちがっていて、とてもオシャレな外観です。

レンガ造りなので、外壁のメンテナンスは必要ありません。しかも、燃えにくい素材なので火災保険料も安く抑えることできました。

間取りは、1Kです。こちらのアパートも1棟目と同じく官庁街に近く、閑静な住宅街にあります。主に、近くで仕事をしている方が入居してくださいます。

購入したときの入居率は18室中17室で、現在までの入居率も安定しています。

この物件は、私の名義で融資を受けているので、1棟目のアパートとはちがってアパートローンで借りることになりました。

そのため、300万円近い保証料を払っていますし、金利も当初、2・97%とかなり高めになってしまいました。

現在は、金利交渉の末、2・0%に下がっています。

「レンガ造りの3棟一括アパート」から学んだこと

①中古物件取得の諸費用について

中古物件を購入するときにかかるのが、取得にかかる諸費用です。

ふつう諸費用は、物件価格の8~10%といわれています。

このアパートでは、ローン保証料などが高く、予想以上の金額になりました。アパートの価格に対して、11%以上かかっています。

中古の物件を購入するときは、どのような条件で取得するかによって、諸費用が大きく変わってくるので注意が必要です。

もし節約できるとすれば、「登記をするときの司法書士費用を安くする」、「仲介手数料を値下げしてもらう」、などの方法が考えられます。

とくに、司法書士費用は、事務所によって差がありますので、何件か電話をして料金の安いところを選ぶこともできます。

ただ、仲介手数料は、これから不動産投資を続けていこうというのであれば、値切るべきではありません。

業者さんにも、きちんと利益を得てもらうことで、末永いお付き合いができると考えるからです。

② 1K物件は、空室リスクが高い

レンガ造りのアパートは、順調に満室経営がつづいていました。しかし、2011年3月の東日本大震災後、ピンチが訪れました。

被災地で仕事をするために引っ越す方や地元に帰る方などが相次いだため、18室中5室が空室になりました。空室率28％です。

このときに、改めて感じたのは「シングル向け」のお部屋は、「ファミリー向け」

よりも引っ越しがしやすいということです。

退去が続いたのをきっかけに、これまでの入居期間を調べてみると、平均3年弱でした。

シングル向けアパートは、同じ建築面積でも多くの部屋を造れるので、投資利回りが高くなります。

その分、空室リスクが高まるので、ファミリー向けのアパートに比べると、ハイリスク・ハイリターンの投資です。

幸い、立地が良く、外観もオシャレなので競争力がありますが、新たに物件を購入するときは、ファミリー向けの物件にシフトしていきたいと考えています。

③ローン期間を決めるときは慎重に

不動産投資で、できるだけキャッシュフロー（月々の現金収入）を多くしようと思ったら、ローンの返済期間を長く設定することです。

私は、キャッシュフローのことよりも「なるべく早く返済したい！」という気持ちが優先してしまったため、20年以上のローンが組めるところ、18年間にしてしまいます。

そのため、家賃収入の中の返済の割合が高くなり、空室が増えると返済が苦しくなってしまいます。

この点は、人それぞれの考え方にもよりますが、安定した不動産経営をしたいのであれば、ローン期間は長めに設定することです。

お金に余裕ができれば、繰り上げ返済もできますし、あとからローン期間をのばすのは、とても難しいからです。

物件5 「港近くの築古アパート」

【物件5の基本情報】

表面利回り　35％

☆所在地　秋田市　　☆建築年月　平成5年8月

☆構造　木造　　☆購入時期　平成22年12月

☆購入金額　700万円　　☆融資　900万円　15年（固定　約2％）

【物件取得にかかった諸費用など】

合計　79万7750円

☆売買仲介手数料　26万7750円　　☆火災保険代　4万円（年払い）

☆登記関係費・司法書士報酬　25万円　　☆不動産取得税　23万円

☆売買契約印紙代　1万円

らせん階段を赤と白でコーディネートしました

屋根を明るいオレンジ色に塗装しました
少し離れた所からもすぐわかります

このアパートは、私にとって初の築古物件で、平成22年12月に購入したものです。

当初、1100万円で売り出されたアパートですが、最終的に700万円で購入することができました。

空室については不安もありましたが、入居者に気をつかわずにリフォームできる点では好都合でした。

アパートの間取りは、全室1LDKですが、家族でも住むことができそうな広いお部屋です。

このアパートは、リフォーム後の3月から入居募集をはじめ、約4ヶ月で満室になりました。管理会社さんに聞くと、「家賃のわりに設備がよい」という感想が多かったようです。

融資は、初めて日本政策金融公庫を使いました。

日本政策金融公庫に融資を受けるときは、担当者とお会いして、自分が作った事業創業計画書を提出して、審査を受けます。

私の場合は、いつもの不動産屋さんの友人に同行してもらいました。

物件の細かいところ（経営シミュレーションなどの数字部分）は友人に説明してもらい、私は、自分の活動の記録と熱い思いを伝えて、無事に、審査に通ることができました。

内訳は、物件への融資として550万円、ほかにリフォーム費用として、350万円の計900万円のオーバーローン（物件価格に対して）で借りることができました。

「港近くの築古アパート」から学んだこと

① セルフリフォームの注意点

こちらの物件では、セルフリフォームにチャレンジしました。

経費削減には、大変役立つセルフリフォームですが、注意すべき点もいくつかあります。

まず、リフォーム費用についてです。

この物件のセルフリフォームにかかった費用と、業者さんに頼んだ場合の価格を比較してみると（詳しくは、145ページ）、業者見積もり価格、約146万円に対して、セルフリフォーム費用は、約38万円でした。

単純に比較すると、かなり得をしているように感じられますが、セルフリフォームには、自分の労働力を注入していることを忘れてはいけません。

私も20日以上は働きましたので、「得をした」というよりは、「節約した」というイメージです。

また、実際には、リフォーム予算は決まっているものですから、そもそも146万円（業者価格）も使うことはありません。

ですから、「100万円安くなった」のではなく、「38万円で、146万円分のリフォームができた」と考えるべきです。

そして、最も注意が必要なのは、「プロのような仕上がりはのぞめない」ということです。回数を重ねれば、それなりに上手くなりますが、それでもプロの方にはかないません。

もし、入居者に迷惑をかけるようなレベルであれば、きちんとできるようになるまでは、セルフリフォームを控えるべきです。

セルフリフォームに挑戦する際に、私がおすすめするのは、「大工さんと一緒に工事をする」ということです。

大工さんと一緒に作業することのメリットは、仕上がりがよくなることです。

それに、一人でリフォームをすると、効率のよい段取りがわかりませんし、電動工具などを使わないと作業時間もかかりすぎます。

大工さんとの作業の中で仕事をおぼえ、できるようになったら一人で作業するのです。

ただ、一緒に働いてくれる大工さんを探すのはなかなか大変です。まずは、大工さんにこちらの希望を伝えて、お願いしてみることをおすすめします。

屋根と外壁の塗装は業者さんにお願いしました

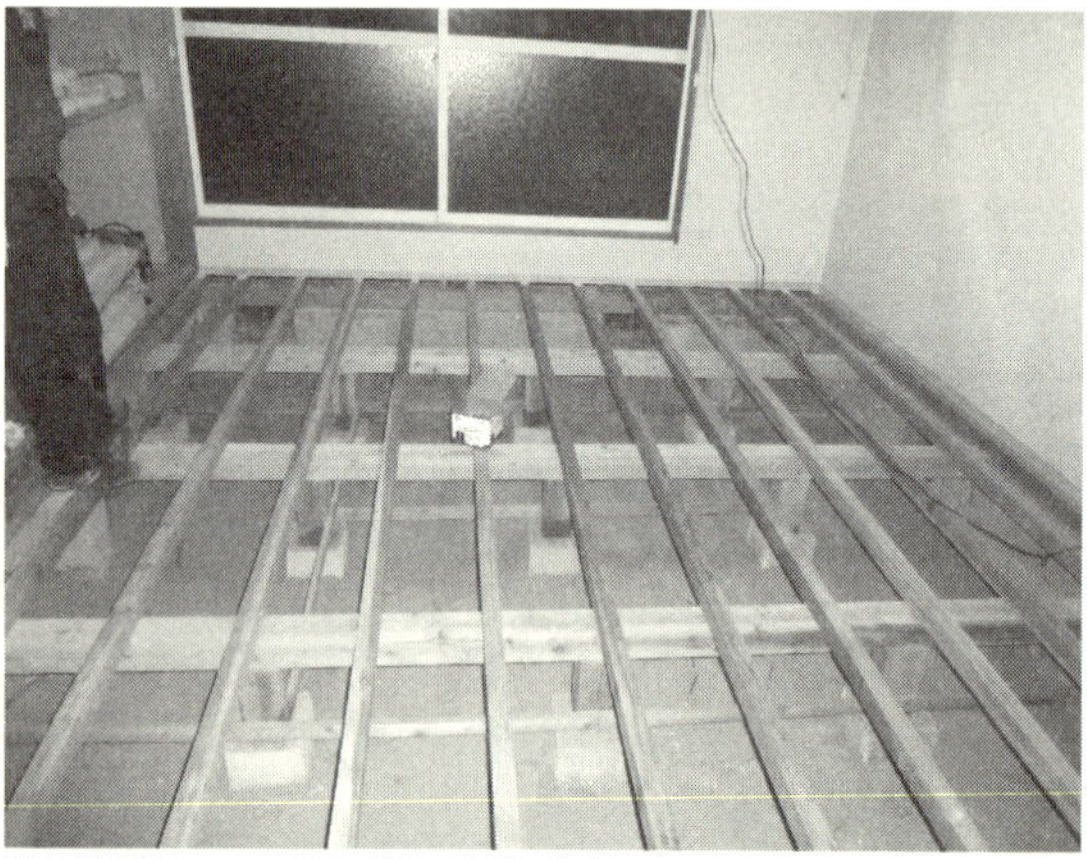

畳の部屋をフローリングに変更します

②家賃下落のリスクが低い

前にも書いているように、私は、この物件のほかに、築浅の物件を所有していま す。それらと比べて、築古の物件は家賃下落の心配が少ないと感じています。

一般的に、アパートは築年数が新しいほど家賃が高く、年数が経つにつれ、家賃 は下落していきます。

ですから、官庁街近くの1Kアパートと、レンガ造りの3棟一括アパートの家賃 は、今後下落していくことが予想されます。

これに対して、港近くの築古アパートの場合は、すでに築年数がかなり経過して います。それに加えて、家賃設定を相場よりも少し低めに設定し、最新の設備も導 入したので、かなりお得感があるようです。

ですから、今後もあまり家賃を下げる必要はないと感じています。

このことは、私がアパート経営をしていく上での大きな安心感につながっていま す。

Column

成功している大家さんの特徴

私は、大家としてスキルアップするために、大家さんの集まりに、積極的に参加しています。

先輩大家さんの投資法や投資に対する考え方を聞くのが本当に勉強になるからです。

多くの成功している大家さんにお会いするうちに、成功している方々には、共通する特徴があることに気づきました。

その特徴をまとめてみますね。

【とにかく行動が速い】

退去後のハウスクリーニングから入居募集をはじめるまでの期間をできるだけ短くすることは、とても大切なことです。

退去日の翌日には、ハウスクリーニングを入れ、その次の日には入居募集をするくらいの速さが必要です。

また、物件を買うときも、自分の基準を決めておくと、買い付けを入れるのが速くなり、物件を買える確率が高まりますよね。

このように、成功している大家さんは、すべての行動がとにかく速いのが特徴です。

【いいと思ったことは、すべてやってみる】

成功している大家さんを見ていると、例外なく行動力があります。

不動産投資では、情報を得ることも大事ですが、それよりも大切なことは、実践してみることです。

ナンバーキーなど、最新の設備をすぐに試してみたり、イケアなどで安くてオシャレな備品を購入して取り付けたりしている方が多いです。

カリスマ大家とよばれる方でも、ご自分でハウスクリーニングやリフォームをしている方が多いのにも驚かされます。

【コミュニケーション力が高い】

不動産投資をはじめると、たくさんの人と関わることになりますから、コミュニケーション力はとても大切です。

成功している大家さんは、積極的にセミナーや大家さん同士の飲み会に参加し、情報交換をされています。

私がときどきお会いしても、みなさん、とてもイキイキとお話してくださいます。

また、ブログやメルマガなどで、情報発信をしている方も多く、「周りの方とコミュニケーションをとろう」という意識がすごく高いです。

【投資スタイルが確立されている】

私は、不動産投資を続ける上で、自分の投資スタイルをもつことがとても大事だと考えています。

成功している大家さんは、自分の投資スタイルをきちんと確立されています。

たとえば、競売物件専門に投資をされる

方、新築物件を建て続ける方などです。

投資法は、さまざまありますが、自分のスタイルを守って、その道のエキスパートになることが成功への近道です。


【自制心がある】


不動産投資で成功しはじめると、自分の投資スタイルを崩してでも、どんどん大きな投資をしたくなったり、次から次に物件がほしくなったりします。

私の場合も、物件がだんだん増えてきたとき、「もっと収入を増やしたい！」と考えるようになりました。


でも、よくよく考えると、私は声楽を続けられて、家族が幸せであれば十分だったのです。

そう考えると、気持ちがすう〜っと楽になりました。

成功している大家さんは、お金の誘惑に負けない自制心をもっています。


すでに、不動産投資に成功されている大家さんがこのように行動されていることにいつも感心させられます。

成功されている大家さんほど、小さなこと、当たり前のことを大切に実行されているのです。

これから不動産投資をはじめようという方は、ぜひ参考にしてくださいね。

5章

ソプラノ大家さん流 アパート投資法

第4章では、私の物件を紹介しました。

これまで書いてきたように、新築、築浅、築古アパートを購入し、管理してきました。

その中では、たくさんの失敗を重ねてきましたが、一番「効率がよい投資」と感じているのは、物件5・港近くの築古アパートです。

このアパートは、初めてセルフリフォームを経験したこともあり、とても思い入れのある物件です。

リフォームをして、物件に息を吹き込む作業がとても楽しく、よい経験になりました。

利回りも高く、現在も順調に満室経営を続けています。

第5章では、なぜ私が、港近くの築古アパートが最も効率の良い投資と考えているのか、その理由を書いていきます。

そして、この投資法を「ソプラノ大家さん流 アパート投資法」と名付け、この章で詳しく解説していくことにします。

ソプラノ大家さん流アパート投資法のポイントは、シンプルに三つです。

☆エリアを絞り、表面利回り20％以上の1棟もののアパートを選ぶ
☆セルフリフォームで物件の価値を上げる
☆満室チームを作り、アパート経営を安定させる

ということです。

すごく簡単に言うと、
「自分の目の届く範囲で、お買い得の物件を買い、セルフリフォームをして、物件の価値を上げて貸し出す」
というものです。

では、私の投資法について、小さなステップにわけて説明していきます。

ソプラノ大家さん流アパート投資法の流れ

ステップ 1
物件を買う準備をする 111ページ

↓

ステップ 2
物件を探す 117ページ

↓

ステップ 3
物件を調査する 123ページ

↓

ステップ 4
値引き交渉をする 128ページ

↓

ステップ 5
融資を受け、決済をする 135ページ

↓

ステップ 6
リフォームをする 142ページ

↓

ステップ 7
入居付けする 151ページ

↓

ステップ 8
満室経営をする 158ページ

ステップ1

物件を買う準備をする

①不動産投資の勉強をしよう！

「不動産投資をはじめたい！」と考えたときに、最初にすることは、不動産投資の勉強です。

投資をギャンブルのように考えている方もいらっしゃるかもしれませんが、決してそうではありません。とくに不動産投資の場合は、勉強すればするほど成功に近づくことができます。

株式投資では、株価をコントロールすることはできませんが、不動産投資は、値引き交渉をすることもできますし、リフォームで価値を上げることもできます。

ですから、リスクを減らすためにも、しっかりと勉強することが大切です。

私がおすすめする勉強法は、まず本を読むことです。本の中で一つでも学ぶことがあれば、不動産投資では十分に元を取ることができます。

本を読んで基礎知識を得てから、有料のセミナーなどに参加するのもいいでしょう。

巻末に私がおすすめする本を載せていますので、ぜひ参考にしてください。

②家族で目標を共有しよう！

不動産投資には、家族の協力が不可欠です。

不動産投資は、非常に大きな金額を投資することになるので、家族の将来に大きく関わることになるからです。

それに、家族で協力した方が、不動産投資の成功の確率も高まるはずです。

でも不動産投資をはじめたい方の中には、奥さんに反対されている方や、ご主人の独断ではじめようとする方が多いのも確かです。

では、どうしたら、奥さんに協力してもらえるのでしょうか？

私の周りの、奥さんに反対されているご主人を見ていると、「何が何でも不動産投資をやる！」と勝手に決めて、「何とか奥さんを説得しよう」と意気込んでいるように見えます。

でもそれでは、奥さんの気持ちが動かないのも当然です。

ですから、発想を変えて、奥さんが自分から「不動産投資をしたい！」と考えるようなアプローチをする必要があるのです。

このときに思い出してほしいのは、奥さんにプロポーズしたときのことです。ご主人は結婚をＯＫしてほしくて、一生懸命、自分の思いを伝えたはずです。

きっと、やさしく、温かく接したのではありませんか。

もしかしたら、反対している奥さんにとって、不動産投資をすることは結婚と同じくらい、とても大きな決断かも知れません。

ですから、決して無理強いするのではなく、「なぜ、不動産投資をするのか」その理由をきちんとお話しすることです。

そして、奥さんが不動産投資に希望をもてるように、不動産投資が家族の幸せにつながることを根気強く伝えるのです。

先ほども書いたように、不動産投資をはじめることは、家族の将来にも関わる大きな決断です。

ですから、独断ではなく、大切な家族が納得してはじめられるように、努力することが必要です。

ソプラノ大家さん流☆必勝ピンポイント1

【節約をして、頭金を作ろう！】

不動産投資をはじめるには、たいていの場合は頭金が必要になります。物件価格の1～2割程度は準備したいものです。

私がおすすめしている、地方の1棟ものアパートの価格は、だいたい2000万円くらいまでです。

ですから、その1割、200万円を目標に資金を貯めるといいでしょう。

お金の貯め方としておすすめするのは、何と言っても「節約」です。

資金を貯めるために、ネットビジネスなどをすすめる方もいますが、私の経験上、かなりの手間と時間がかかります。その点、節約は時間がかからず、生活の見直しにもつながるので、一石二鳥です。

不動産投資をはじめてからも、経費の節約は大切ですので、その練習と考えるといいでしょう。

節約のコツは、節約の期間と金額を設定することです。たとえば、「毎月10万円ずつ、貯金する」とか、「1年間で、200万円貯める」などです。

節約の目標が決まったら、それを実現するための細かな方法を決めていきます。

私の場合は、外食と旅行、オシャレをがまんしました。期間限定であれば、モチベーションも保ちやすいので、成功の確率も高まるはずです。

ステップ2
物件を探す

①利回り20％以上の一棟ものアパートをねらう

なぜ、私が物件の利回りを20％以上に設定しているかというと、リフォーム費用がかかったり、少し空室があったりしても、余裕をもって返済ができるからです（秋田は空室率が高いので、利回りを高めに設定しています）。

そして、1棟ものアパートをおすすめする理由は、投資の効率がとてもいいからです。戸建てや区分所有の投資では、戸数を増やさないと大きな収入はのぞめませんし、1棟ものマンションでは投資金額が大きくなりすぎます。

その点、1棟もののアパートは、価格が手ごろな割にリターンが大きいのです。

また、私は投資エリアを秋田市に絞っています。この理由は四つあります。

☆都会よりも地方の方が、利回りの高い物件が見つかる可能性が高い。

☆だいたいの賃貸需要や家賃の相場、人気のエリアなどがわかる。

☆地元の金融機関から融資を受けやすい（縁もゆかりもない土地で買っても、融資付けに苦労する）。

☆自分のチームと仕事ができる（新しい土地で一からチームを作るのは、大変）。

不動産投資を成功させるためには、地の利を生かすことは大切な要素です。「土地勘があること」、「地域に人間関係があること」は、不動産投資をする上でとても有利なことです。

②あらゆる方法で情報を得る

不動産投資では、まず物件を探さなければいけません。ですから、できるだけ情報源を多くすることが大切です。

今は不動産投資の物件を紹介する有名なサイトがたくさんあります。

ここで、使いやすいサイトをいくつか紹介しておきますね。

・Yahoo! 不動産　http://realestate.yahoo.co.jp/
・ノムコム・プロ　http://www.nomu.com/pro/
・健美家　http://www.kenbiya.com/
・楽待　http://www.rakumachi.jp/
・HOME'S 不動産投資　http://toushi.homes.co.jp/
・981.Jp（競売）　http://981.jp/

これらのサイトでは、希望の条件を入れておくと、物件情報がメールで送られてくるものもあります。ぜひ、登録しておきましょう。

ほかにも、地元の不動産業者のサイトにも注目です。

全国的なサイトには載っていない掘り出しものが見つかることもあります。

ですから、地元の業者のサイトをできるだけ多くブックマークに入れて、定期的にチェックするのです。

また、新聞の三行広告や折り込み広告にも物件情報が掲載されることがあります。こちらも常に目を通しておきましょう。

このように情報を集めて、よさそうな物件が見つかったら、その物件を扱っている不動産業者に電話をします。そして物件の詳しい情報をＦＡＸかメールで送ってもらいます。

そのときには、「いつから売りに出されているか？」、「どんな理由で売りに出したのか？」、「値引きの可能性はあるか？」などの質問をして、さらに詳しい情報を得ることも大切です。

ソプラノ大家さん流☆必勝ピンポイント2

【やる気のある営業マンを見つけよう！】

物件を探すときには、信頼できる営業マンが一人いるだけで、本当に頼りになります。

実際、私の物件はすべて同じ営業マンから購入したものです。あらかじめ、希望の条件を伝えてあるので、そのような物件が見つかると連絡をくれるのです。

このような営業マンを見つけるのは、難しいと思われるかも知れませんが、そうでもありません。

いくつか物件について問い合わせをしたり、物件を見せてもらったりすると、気の合う営業マンがいるものです。そのような方に、ときどき、「いい物件はありませんか？」と連絡を取ってみるのです。

そして、物件回りなどを繰り返しているうちに、「いつか購入してくれるお客さん」として認めてもらえるようになります。

ここで大切なことは、物件を紹介してもらったら、しっかりと検討して、お礼とお返事をすることです。

自分が誠実に対応すると、相手も大切に扱ってくれるようになります。

ステップ3 物件を調査する

①物件の設備と物件周辺の環境を調べる

検討したい物件が見つかったら、不動産業者に建物の内部を見せてもらいます。物件の中を見るときは、間取りの使いやすさや傷み具合、どのような設備が付いているかなどをしっかり見ておきましょう。

デジカメで、物件内部を記録しておくと、あとでじっくり検討することができます。

私は、不動産業者に内部を見せていただく前に、一度、一人で物件の下見をします。

業者さんが一緒だと、敷地内の細かいところまで見る時間がありませんし、先に一度見ておくと、質問したいことも整理できます。

また、周辺の環境も見てみます。

たとえば、物件の周りにスーパーやコンビニ、本屋さんなどの施設があるか、交通量や大通りへのアクセスなども確かめます。また、ゴミ処理場など入居者に嫌がられる施設がないかもチェックします。

できれば、夜も見に行ってみると、周辺が暗すぎないか、夜にうるさい施設はないかなどを知ることができます。

②家賃の相場と需給のバランスを調べる

実際に、物件を見て、「買いたい！」と思ったら、さらに詳しく検討をします。

まずは、その物件を購入後に満室にできるかどうかです。

満室にするためには、そもそも需要がなければいけません。

ですから、近隣の同じような間取りのアパートの入居状況を調べます。私は、住宅地図をコピーし、周辺のアパートの入居状況を記入していきます。

入居者がいるかどうかは、カーテンが付いているかを見たり、郵便受けに封がしていないかを見たりすれば十分です。電気のメーターを調べるという方もいますが、私は物件の敷地には入らないようにしています。

もう一つ、調べたいことは、家賃の適正価格です。

売り物件の中には、表面利回りを高く見せるために、家賃を相場より高めに設定している場合があります。ですから、家賃相場を調べる必要があるのです。

調べ方は、近くの同じような築年数、間取りの部屋の家賃をネットや賃貸情報誌で調べ、比較してみるといいでしょう。

そして、これらのことを十分に調べた上で、地元の不動産業者に「この物件は満室にできますか？」と直接聞いてみます。たいていの業者さんは、「家賃を○円下げると、決まると思います」というような具体的なアドバイスをくれるはずです。

そして最終的に、「満室にして、収益を上げられる！」と判断できれば、いよいよ購入を決断します。

ソプラノ大家さん流☆必勝ピンポイント3

【大工さんと一緒に、物件を見に行こう！】

ソプラノ大家さん流の投資法では、高利回りの物件をターゲットにしています。そのため、どうしても築古や空室の多い物件になりがちです。

このような物件を購入するときに、一番大切なことは、「物件が構造的に丈夫である」ということです。いくら高利回りでも、物件に大きな瑕疵（隠れた欠陥）があれば、多くのリフォーム費用がかかってしまいます。

とくに大切なのは、物件が傾いていないか、雨漏りはないか、シロアリはいないか、などです。

これらのことは、初めのうちは、なかなかわかりません。ですから、物件を見に行くときには、ぜひ建築に詳しい方に同行してもらうようにしましょう。

私は、物件を見るときは、今も大工さんに同行してもらっています。そして、見られるようであれば、床下にもぐって、基礎はしっかりしているか、シロアリがいないかもチェックします。

もし、周りにアドバイスしてくれる人がいない、ということであれば、まずは写真をたくさん撮っておくことです。そして、心配な点があれば、先輩の大家さんなどに相談してみるといいでしょう。

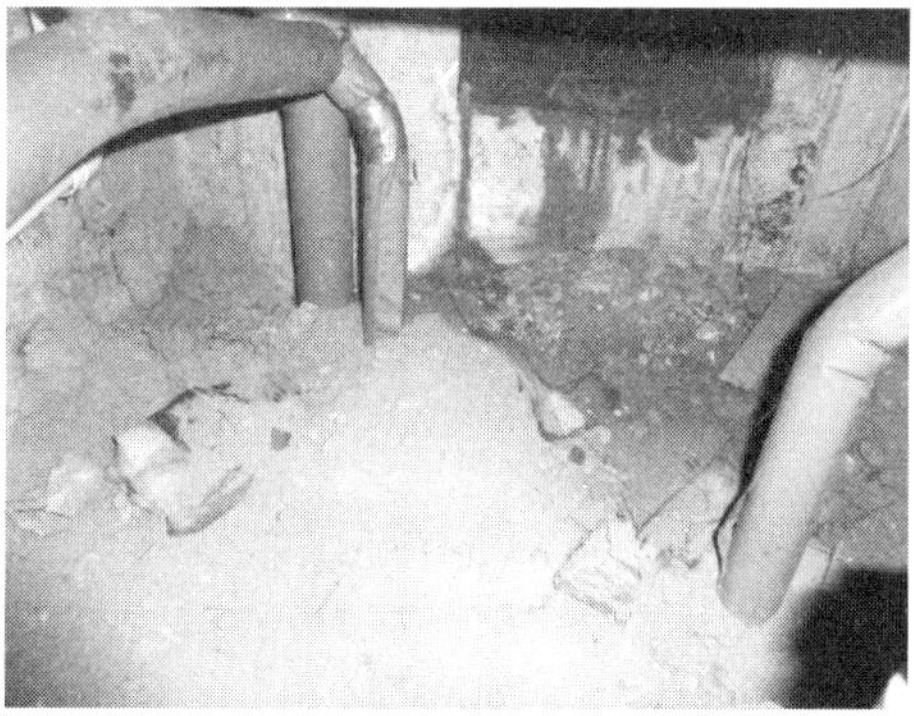

蟻道、蟻土はないか、羽ありの死がいはないかをチェック

基礎のズレやひびわれ、木部が腐っていないかをチェック

ステップ4

値引き交渉をする

① 値引きの根拠を示して交渉する

みなさんは、「指し値」という言葉を知っていますか？

指し値というのは、売り物件を「この値段で買いたい」という買い主の希望価格です。たとえば、1200万円で売りに出されている物件に「1000万円」で指し値をすることもできます。


この指し値を通すためには、売り主さんに納得してもらわなければいけません。ですから、納得してもらえるような値引きの根拠が必要です。

「外壁塗装の見積もりを取ったら○○万円かかる」とか、「空室が○部屋あるから」などの理由を付けて交渉するといいでしょう。

また、売り主さんにお手紙を書いたり、正直に自分の予算をお伝えしたりと、売り主さんの気持ちに訴えて値引きをしてもらう交渉上手な方もいるようです。

②値引き交渉はじっくりと

私は、短期間に物件を増やしていこうとは考えていません。

それに地方の場合は、都心のような「スピード勝負」ではありませんので、自分の条件に合う物件が見つかるまで、時間をかけてじっくりと探しています。

ですから、指し値をして、自分の希望額とかなり離れている場合は、すぐにあきらめます。

ここで大切なのは、「物件を購入したい！」という気持ちに流されないことです。

買いたい気持ちが強すぎると、購入条件を緩和してでも物件がほしくなってしまいます。でも、それはとても危険なことです。

目の前の物件を逃しても、また新しい物件が必ず見つかります。

自分の感情をコントロールして、冷静に物件を判断することが何よりも大切です。

一方で、値引きが成功するかどうかは、売り主さんの都合によることも多いです。

物件を売りに出してすぐは強気な売り主さんも、数ヶ月が過ぎると「早く売りたい」と考えるようになることもあります。

港近くの築古物件を購入したときもそうでした。

一度値引き交渉をしてダメでも、半年後や1年後などにもう一度交渉してみることも考えられます。

ですから、自分が絞ったエリアの物件情報は、定期的にチェックすることが大切です。

ソプラノ大家さん流☆必勝ピンポイント4

【利回り20％以上になる指し値をしよう！】

私は、利回り20％を購入の目安と考えていますが、そんな物件は地方でもなかなかでてきません。

ですから、そのような物件がでるのを待っているだけでなく、自分で利回り20％以上になるように、指し値をするのです。

たとえば、満室想定家賃が年間200万円の物件があるとします。
その物件の価格が1600万円であれば、

200÷1600×100＝12・5％

利回りは12・5％となります。
これを利回りが20％になる価格を計算すると、

200÷1000×100＝20％

となり、1000万円以下で指し値をすればいいことがわかります。指し値はたいていの場合、押し戻されますので、その分を想定して、指し値を入れることもあります。

「そんなに指し値をして大丈夫？」と思われるかもしれませんが、指し値はあくまでもこちらの希望価格です。きちんとした値引きの根拠を示すことができれば、大丈夫です。

「値引きの根拠」については、先ほども少し触れましたが、さらに具体例を挙げておきます。

(1) 築年数が古い

(2) バランス釜（古～いお風呂）である

(3) 3点ユニットである
(4) 浄化槽が壊れている
(5) クロスが剥がれたり、室内が荒れている
(6) 物件の周りが雑草だらけである
(7) 再建築不可である
(8) 駐車場がない

などなど、たくさん考えられます。

今書いたマイナスポイントの中でも、セルフリフォームをしたり、考え方を変えたりすることでマイナスではなくなるものがあります。

むしろ、そのようなマイナスポイントがある物件の方が、指し値の効果を最大限に発揮できることもあるのです。

たとえば、「(8)の駐車場がない」については、地方では致命的だと思われがちなので、値引きの材料になりやすいのです。

でも、実は地方でも車をもたない層が確実に存在します。間取りや立地などが、「車をもたない層」と合うなら、駐車場なしでも大丈夫です。

また「⑷の浄化槽が壊れている」の場合も、浄化槽の中の一部（フロアーポンプなど）を取り換えれば、そのまま使用できる場合もあります。

ただ、ここで注意してほしいのは、「売り主が驚くような、大幅な指し値はすべきではない」ということです。

あまりにも大幅な指し値をすることで、売り主だけでなく、不動産業者との関係が悪化することも考えられます。

ですから、指し値は、根拠が示せる常識的な範囲にとどめておくことが大切です。

ステップ5
融資を受け、決済をする

①難しい書類は、事前に見せてもらう

物件について、売り主さんとの価格交渉が折り合えば、いよいよ売買契約を結ぶことになります。

契約のときは、売り主と買い主、不動産業者が同席して契約書を交わします。

このとき、買い主が手付け金を支払うのがふつうです。手付け金の額は、物件価格の1割程度、1000万円の物件なら、100万円くらいになります。

手付け金を支払い、契約書に、売り主、買い主が記名・捺印をすれば、売買契約は完了です。

ここで、一つ注意していただきたいのは、売買契約書と重要事項説明書をきちん

と読んで確認することです。契約の場面では、宅地建物取引主任者が、契約書と重要事項説明書を解説してくれます。

しかし、不動産投資初心者にとっては、用語が難しく、意味がわからないことも多いはずです。疑問に思うことがあっても、その場の雰囲気に押されて、契約をしてしまいがちです。

しかし、アパートを買うとすれば、数百万円以上の買い物です。意味がわからないまま契約してはいけません。

このようなことにならないためには、不動産業者に頼んで、数日前に「契約書」と「重要事項説明書」のコピーを見せてもらっておきましょう。

そして、疑問点がないように、しっかりと読み込んでおくことです。

もし、わからないことがあるときは、先輩大家さんや不動産に詳しい方に、相談してみるのがおすすめです。

内容を理解し、納得した上で契約をすることが大切です。

②金融機関から融資を受ける

物件を購入することが決まったら、現金で買う方をのぞいて、金融機関から融資を受けることになります。

ふつうは、売買契約を終えてから、融資の交渉をします。契約から物件の引き渡しまでの期間（ふつう1ヶ月程度）に、金融機関と交渉し、融資をつけてもらいます。

上級者になると、融資をスムーズにするために、契約前から金融機関に打診しておくこともあるようです。

ここで、「もし、融資してもらえなかったらどうするの？」と思う方もいらっしゃるかも知れませんね。

一般的には、融資が通らなかった場合にそなえて、特約をつけてもらいます。この特約というのは、「融資がつかなければ、売買契約を取り消す」という約束のことです。

そして、一番の問題は、金融機関が希望額を融資してくれるとは限らないということです。融資額は、物件の価値や収益性、借りる方の属性などを総合的に判断して決められます。

そのため、たいていの場合は頭金が必要になりますし、逆に、条件がよい場合はフルローンで融資を受けられることもあります。

融資が実行されたら、晴れて物件の引き渡しです。このときには、物件価格の残金を支払うことになります。

引き渡しは、銀行の応接室などで行われることが多いです。支払う金額が大きいので、私も毎回ドキドキします。

③日本政策金融公庫はとっても便利

投資家さんの間では、「日本政策金融公庫は、ハードルが高い」というイメージがあるようですが、実際に利用してみると、とても使い勝手がよかったです。

ここでは、日本政策金融公庫活用のメリットを整理しておきます。

☆低金利で借りることができる
☆固定金利で借りることができる
☆開業資金の借入れが可能
☆さまざまな諸費用が発生しない
☆オーバーローンも可能
☆女性、若者・シニア起業家資金で借りられる
☆支払いを猶予してもらえる

港近くの築古アパートで、とても助かったのは、ローンの支払いを猶予してもらえたことです。このアパートは、全室空室だったため、リフォームをして、入居者が決まるまで家賃収入がありません。

そこで、返済を4ヶ月間、遅らせていただきました。

猶予期間分の利子は必要になりますが、この間にアパートが満室になり、余裕をもって返済することができました。

ソプラノ大家さん流☆必勝ピンポイント5

【銀行へは、オシャレをして行こう!】

私は何度か、銀行に融資のお願いに行ったことがあります。でも、女性だからか、あまり熱心に話を聞いてもらえなかったことがあります。そのときは、とても悔しい思いをしました。

その経験から、きちんとお話を聞いてもらうために、工夫していることが二つあります。

一つは、必要書類をしっかり準備していくことです。

まずは、事業計画書です。ここには、「物件の価値はどのくらいあるのか」、「収益をきちんと上げられるのか」を書いておきます。この物件を購入して、自分が経営すれば、きちんとローンの支払いができる(収益を上げる)ことを伝えるのです。

この事業計画書の書き方は、ネットでも調べられますし、不動産業者さんに作り方を相談してもいいでしょう。

また、そのほかの必要書類についても、アポを取るときに確認して、準備をしておきましょう。

準備がきちんとできていると、自信をもって担当者と会うことができるはずです。

そして、もう一つは、オシャレをして銀行に行くことです。

私は、担当者とお会いするときは、しっかりメイクをして、好きな服を着て、明るく元気な声で、ごあいさつするようにしています。そうすると、私の気合いが伝わるのか、相手にもお話をしっかりと聞いてもらえる気がします。

男性の場合も、身なりを整えて、自信のある態度でお会いするのがいいでしょう。

もし、このような工夫をしても、やる気の無いような態度をする担当者であれば、私はご縁がなかったと考えて、あきらめるようにしています。

このような態度を取る方とは、交渉を続けたとしても気持ちのよい仕事にはつながらないと考えるからです。

ステップ6
リフォームをする

① セルフリフォームで節約する

利回りが20％を越えるような物件は、築古だったり、空室が多かったりと、ほとんどの場合はリフォームが必要になります。

港近くの築古物件も表面利回りは35％以上ありましたが、購入時には築17年が経過していて、内装、外装の全面リフォームが必要でした。

そこで、経費節約のためにセルフリフォームをすることにしました。

リフォームの予算は、外装２００万円、内装１８０万円、予備費20万円と考えていました。

外装は、業者さんにお任せしましたが、内装は、友人の大工さんと一緒に作業するところと、畳屋さん、建具屋さん、クロス（壁紙）屋さんなどに発注するところにわけました。

主なセルフリフォームの内容は次のとおりです。

☆6室中2室の「和室をフローリング」に
☆押し入れをクローゼットに変更
☆クロスの全面貼りかえ
☆シーリングライトなどの設備の取り付け

クロスの貼りかえは、天井や台所は貼るのが難しいため、業者さんにお任せし、それ以外の壁を自分で貼ることにしました。

基本スタンスは、「できるところは自分で、できないところは業者さんにお任せする」ということです。

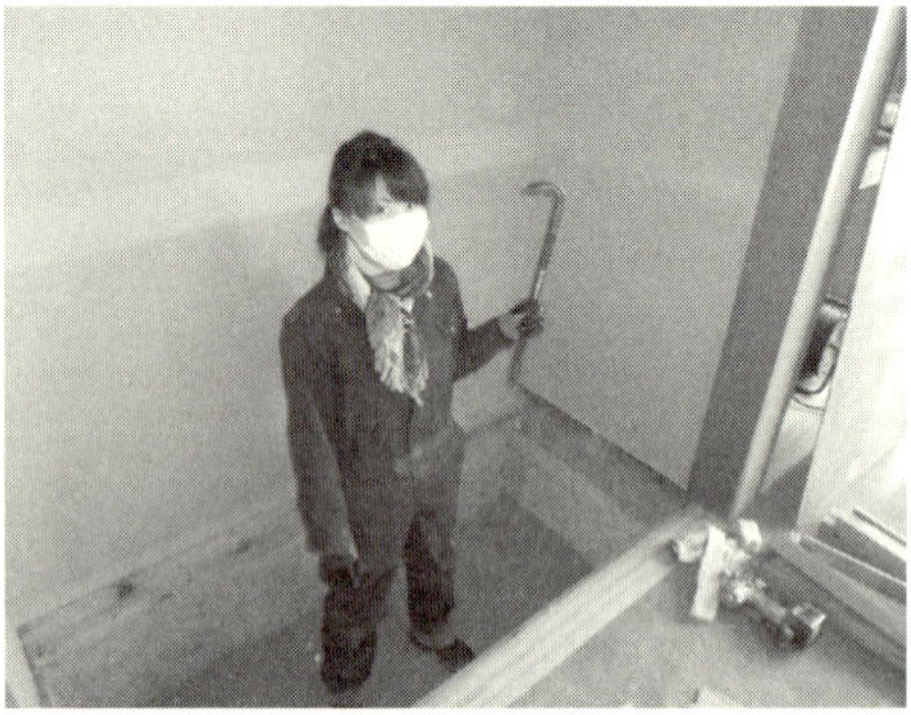

押し入れをクローゼットに変更しているところ

ヨーロピアン調の柄に挑戦してみました

では、今回のようにセルフリフォームをすると、どのくらい経費が節約できるのでしょうか？

そこで、このアパートで行ったセルフリフォームについて、業者さんに頼んだ場合との価格を比べてみました。

＜業者価格とセルフリフォーム価格の比較＞

	業者価格	セルフリフォーム	セルフリフォーム詳細
①クロス貼りかえ	61万4400円	**8万4480円**	和室6室十 トイレ6カ所の壁
②水道の混合栓の購入と取り付け	7万5000円	**3万円**	混合栓購入価格 5000円×6
③シーリングライトの購入と取り付け	12万円	**4万8000円**	シーリングライト 購入価格 4000円×12
④和室（8畳）→フローリング工事代	40万円	**4万円**	一坪当たりの 材料代5000円 （B級品使用）
⑤押し入れ→クローゼット工事代	4万円	**5000円**	コンパネ2枚と 金属ポール2本
⑥カッティングシート貼り	6万円	**1万5000円**	流し台6カ所 材料代 7500円×2
⑦カラードアホン購入と取り付け	12万円	**6万6000円**	カラードアホン 1万1000円×6
⑧大工さん手間賃	0円	**10万円**	お友達価格で 1日1万円×10日
	142万9400円	**38万8480円**	

※業者価格は一般的なリフォーム価格です。

比べてみると、なんと100万円以上の差があります。

なぜ、これほどの差が生じるのかというと、リフォーム業者などに仕事を頼むと、その業者の利益のほかに、下請け業者の利益もかかってしまうことが多いからです。

また、カラードアホンなどの設備をつけるときも、カラードアホン自体にも利益を乗せられてしまいます。

このような、さまざまな利益が上積みされることで、セルフリフォームに比べて、かなり費用がかかってしまうのです。

②分離発注と施主支給で節約する

まず、分離発注というのは、さきほども書いたように、リフォーム業者などに頼むのではなく、畳は畳屋さんというように、直接職人さんにお願いすることです。これをするだけで、中間マージンを省けるので、大きく節約することができます。

職人さんは、電話帳で探してもいいですし、付き合いのある職人さんに紹介してもらってもいいと思います。

もう一つは、施主支給です。

これは、シーリングライトやカラードアホンなどを自分で購入し、それを大工さんに取り付けてもらうことです。私は、ヤフーオークションや通販サイトなどで、できるだけ安く購入し、取り付けてもらっています。

ただし、施主支給を引き受けてくれない業者もあるので、電話でその旨を話して相談してみるといいでしょう。

カラードアホンを設置しました

シーリングライトも施主支給で設置

ソプラノ大家さん流☆必勝ピンポイント6

【女性目線を物件に取り入れよう！】

不動産投資をはじめてみると、この世界は「やっぱり、男性社会だな」と感じることが多いです。

東京などのセミナーでは、女性投資家さんも増えていますが、秋田では、若い女性の大家さんをほとんど見たことがありません（笑）

これに対して、お部屋を借りる方の半分は女性です。女性やご夫婦の入居者さんはもちろん、男性がお部屋を選ぶときも、母親が付き添うことがあるくらいです。

そんなときに、お部屋にお花が飾ってあったり、いい香りがしたり、かわいいプレゼントがあったりするとうれしいものです。

手作りのポップで設備を紹介するのもいいでしょう。

こういった気づかいは、男性に比べると、女性の方が得意分野ですよね!!

パンフレットも手作りです

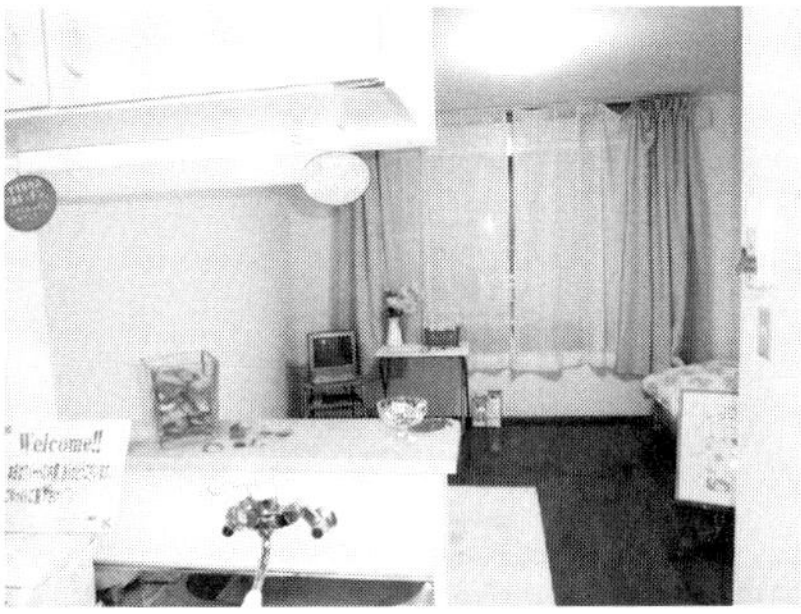

生活がイメージできるように、お部屋をモデルルーム化します

手作りのポップでセールスポイントをアピール

入居者さんへのプレゼントです☆好評です！

また、女性はカフェや美容室など、ステキなインテリアを見る機会が多いので、それをカメラで撮りためておくと、物件をリフォームするときにとても役立ちます。

私はクローゼットの中にヨーロピアン風のクロスを貼ったり、ワイングラスハンガーを取り付けたりして、オシャレな感じを演出しています。

「こんなお部屋に住んだら幸せだな〜っ」と想像して、女性らしい工夫をどんどん取り入れればいいと思いますよ！

クローゼットの中にアクセントクロスを

ワイングラスハンガーも取り付けました

ステップ7
入居付けをする

①適切な入居条件を設定する

物件を満室にするためには、家賃設定や入居条件を適正なものにすることも大切です。物件を見に来てくださった方が、「値段の割にいいなあ！」と感じてもらえるような価格になっているのが理想です。

ただ、あまり安くしすぎても収益が上がりませんから、安すぎず、高すぎずちょうどいい価格に設定しなければいけません。

そのためには、まずは管理会社さんと相談して家賃を設定し、内見した方の反応を見ながら、微調整をするのがおすすめです。

一般的には、「5人内見して、2人決まればいい」と言われています。でも、地方のアパートでは内見自体が少ないので、私の場合は、「2人に1人」で決まることを目標に、入居条件を設定しています。

そのほかにも、敷金・礼金を無しにするとか、フリーレントを付けることなども考えられます。私も、3ヶ月家賃半額などの入居キャンペーンを実施しています。

さまざまなキャンペーンを実施してみると、どのような条件であれば決まりやすいのか、わかるようになります。

ですから、管理会社さんと相談しながら、いろいろ試してみることをおすすめします。

②管理会社さんとよい関係を築く

【よいことがあったときに、会いに行こう】

自主管理をする場合をのぞいて、物件の管理は管理会社さんにお願いすることになります。管理会社さんでは、日々の管理から入居付けまでやってくれるので安心です。

でも、管理会社さんにとっても、客付けしたい物件としたくない物件があるそうです。

たとえば、全く掃除もしていない物件や家賃が高すぎる物件は、「どうせ決まらないだろう」と思われても仕方がありません。

管理会社さんにとっては、どの物件に入居が決まっても仲介手数料は同じですので、決まりやすい物件を優先するのは当然のことです。

また、がんばって入居付けしたとしても、お礼をいわれないばかりか、「まだ、空室があるから、そっちもちゃんとやってよ」などと文句をいわれると、がんばる意欲がなくなってしまいますよね。

大家だからといって、上から目線で命令するのではなく、「一緒にがんばっていくパートナー」という意識をもって接することが大切です。

一方で、大家が管理会社の担当者さんと会う機会は、何かトラブルがあったときがほとんどです。滞納があったり、空室が埋まらなかったりというときです。

でも、このようなときに担当者さんと会っても、なかなか楽しいお話しはできません。

ですから、私はできるだけよいことがあったときに、会いに行くようにしています。たとえば、入居者が決まったときなどです。

また、演奏会でお花をもらう機会も多いので、それをおすそ分けとしてもちすることもあります。

このように、何かよいことがあったときに訪問するようにすれば、おたがい笑顔で話すことができ、よい関係作りにつながると思うのです。

【お礼状を書く】

私は、仕事でお世話になった方には、すぐにお礼状を書くようにしています。自分の感情が熱いうちに、仕事をしたその日に書くことにしています。言葉ではなかなかいえないことも手紙なら伝えられますし、今はメールが全盛なので、お礼状は新鮮だと思います。

文房具屋さんに行くと、素敵なお礼状がたくさんあります。

そのお礼状に、心を込めた文章を書き、楽しい切手を貼って送れば、きっとみなさんに喜んでいただけます。

切手は、記念切手やドラえもんやキティちゃんなどのキャラクターものなどを、相手に合わせて貼るようにしています。グリーティング切手というシールタイプのものを使うと便利ですよ。

相手のことを考えて切手を選ぶのも、私にとっては楽しい時間です。

ソプラノ大家さん流☆必勝ピンポイント7

【物件周辺の会社などへ営業しよう！】

入居付けをがんばるというと、たくさんの不動産屋さんに入居付けをお願いするのが一般的です。

これも大切なことですが、物件周辺の会社などに、直接営業するのもとても効果のある方法です。

私の物件の近くには、官公庁や大きな会社が多いので、人事課宛に、物件紹介のパンフレットを郵送しています。それは、人事担当者さんが、社員向けのお部屋を探していることがあるからです。

でも、人事担当者さんは、たいてい忙しく、物件を見に行く時間が無いことも多いようです。そんなときに、手元にある物件に決めてくれる可能性があるのです。

また、近くのコンビニや美容室などに、物件紹介のパンフレットを置いていただくのもよい方法です。

最近では、ネイルサロンやエステなど、アパートやマンションの1室で開業している方も多いです。

もし、オシャレなアパートであれば、「自宅サロン」を開業したい人が集まる起業塾などに、営業をするのも効果的です。

ステップ8 満室経営をする

①満室経営チームを作る

【チームが大切な理由】

私の物件は、すべて秋田市内にあります。

物件のエリアを集中している理由の一つは、自分のチームで仕事をすることができるからです。チームで仕事をすると、トラブルにも対応しやすくなりますし、安く仕事をしていただくことで経費も節約できます。

私の場合は、運よく職業訓練学校で大工さんを見つけることができました。その大工さんの紹介で、塗装屋さんやクロス屋さんとも知り合うことができたのです。

今では、退去後のリフォーム工事なども、安く、ていねいに仕事をしていただいています。毎回、同じ方に仕事を頼むので、すごく気が楽です。

不動産投資を安定させたいのなら、ぜひ信頼できるチーム作りに取り組むことをおすすめします。


【よいチームの作り方】


よい仕事を気持ちよくしてくれるチームのメンバーは、ただ待っていても見つかりません。自分からアプローチして、メンバーを探すことが必要です。

私はいつも「水道屋さんはいないかな」、「クロス屋さんはいないかな」と、宝探しのように会いたい人を探しています。

演奏会で歌ったり、披露宴で司会をしたりしたときにも、業者さんを見つけると、連絡先を交換させていただきます。

そして、まずは一度、仕事をしていただくと、その方の仕事ぶりや人柄を知ることができます。

その内容を見て、その後も仕事をしていただくかどうかを決めればいいのです。

私はもちろん技術も大切ですが、プラスαとして、一緒に仕事をして気持ちのよい人を選ぶようにしています。

一方で、経費を節約するためには、代金を安くしてもらわなければいけません。安くても、気持ちよく仕事をしていただくためには、定期的に仕事をお願いするとか、仕事を紹介するなど、ほかのメリットを提供することが大切です。

よく「win-winの関係」と言われますが、チームを作るということは、「勝つ」という考え方ではうまくいきづらい気がします。

ですから、私は、お互いが幸せになる「happy-happyな関係」を作っていきたいと考えています。

②入居者さんと良好な関係を築く

【入居者さんへの感謝を忘れない】

不動産投資の収入は、入居者さんからいただく家賃です。大切な給料の中から、数万円の家賃をいただくのですから、感謝の気持ちを忘れてはいけません。

感謝の気持ちを忘れずに、家賃以上の価値を提供できるように常に心がけています。


実は不動産投資をはじめたころ、「できるだけ入居者さんとはかかわりたくない」と思っていました。それは「クレームがあると面倒だ」と思っていたからです。

でも最近は、入居者さんと飲み会をすることもあります（笑）

飲み会をしてみると、アパートで困っていることなどを教えてもらえます。

たとえば、「虫が多い」とか、「排水溝の水はけが悪い」などと感じていることがわかります。

問題がわかれば、すぐに改善し、入居者さんの不満を解消することができるのです。

飲み会まではしなくてもいいですが、入居者さんの不満がすぐに入ってくる体制を整えておくことが大切です。

また、「大家はみなさんの味方ですよ」という姿勢を伝えることも必要です。それが伝われば、入居者さんに安心感が生まれ、長期の入居にもつながると考えるからです。

【入居者サービスを工夫する】

私は、入居者さんに「住んでいただいてありがとうございます。そして、これからも住み続けてくださいね！」という気持ちを込めて、サプライズサービスをしています。

以前おこなったサービスは、ペア・ディナーチケットのプレゼントです。

アパート近くの洋食屋さんにお願いして、「入居者限定のペア・ディナーコース」を作っていただきました。

その洋食屋さんはアパートから歩いていけるところにあり、味もサービスも申し分ありませんでした。

このサービスのポイントはペアであること。食事は、一人より二人の方が楽しいですし、ご友人などへのアパートの紹介になります。

ほかにも、いろいろプレゼントをしています。

私は本業として、ボイストレーニングと英会話の教室をしていますので、そのレッスン代を「入居者の方は割引」にしています。

そして、今計画中なのが、「入居者限定の割引チケット」です。

こちらも近くのクリーニング店、美容院、飲食店などと協力して、割引チケットを作ることにしています。

ご近所のお店の方々ともよい関係を築いていれば、長い目で見ると物件の入居付けにもよい影響があると考えるからです。

ソプラノ大家さん流☆必勝ポイント8

【物件に泊まってみよう！】

入居者さんの住み心地を知るために、大家自身が物件に泊まってみることをおすすめします。実際に物件に泊まってみると、さまざまなことがわかります。

夜、上の階の足音が思っていたより響いたり、お部屋のにおいが気になったり、寝ているときにコンビニの光が明るすぎたり。

そして、私が物件に泊まるときは、近所で食事をするようにしています。すると、近所の様子や雰囲気がわかり、入居者さんの生活を想像することができます。

生活を想像することができれば、物件の改善点も自然に見えてくるようになり、入居者さんの満足度を上げる工夫にもつながるはずです。

「まだ、物件に泊まったことがない」という方には、ぜひ泊まってみることをおすすめします。きっと楽しい夜になると思いますよ！

Column

金利引き下げ交渉に成功するポイント！

私はこれまで、何度か金利の引き下げ交渉をしています。

合計で3回、金利を引き下げていただいていますが、いずれも借りかえすることなく、同じ銀行さんにお世話になっています。

2011年は、物件1と物件2・3・4の金利を引き下げていただきました。

物件1の金利は1・87％から、1・75％に下げていただいたのですが、そのとき、A銀行さんから、「物件2・3・4の借りかえについても私たちにやらせてもらえないか？」というお話をいただきました。

そのときの条件が、金利2％でした。

物件2・3・4のローンでお世話になっているB銀行と比べて、約1％の引き下げになります。

ただ、私としては、今後のことを考えると、B銀行ともお付き合いを続けたいと思っていました。

そこで、B銀行さんに、金利を2％へ引き下げていただけるようにお願いをしました。

でも、最初は「うちでは、金利競争をするつもりはない」という返事。

そのため、A銀行への借りかえを本気で

考えはじめました。

しかし、7月に入り、B銀行さんの支店長さんが転勤。

すると、担当者さんがやってきて、「方針が変わったので、うちでもがんばることができます！」というお返事をいただいたのです。

そのうれしいお知らせのおかげで、もう一度ご相談させていただくことができました。

金利交渉の時には、「こちらの銀行にお世話になって、この物件を買うことができました。ぜひ、こちらの銀行とのご縁を大切にしたい‼」という熱意をお伝えしました。


それがよかったのかはわかりませんが、無事、金利の引き下げに成功しました。

このような交渉のときは、銀行同士を競わせる方法も、もちろん効果があります。

しかし、銀行同士を煽るようなやり方よりも、ポジティブな言葉で交渉した方が、その後の関係がよいものになると考えています。

6章

ソプラノ歌手が
リフォームまで出来てしまうワケ

3棟一括でアパートを購入して、私の大家業がはじまりました。

しかし、はじめてみると、修繕などのさまざまな問題が出てきます。

そのため、ずっと声楽家として、主婦として過ごしてきた私が、職業訓練学校に通うことになりました。

それまで、力仕事をしたこともありませんでした。

自分でも、「何もそこまでする必要があるのか」と思いましたが、不動産投資を成功させるためには、避けては通れない道でした。

見るのとやるのでは大違い！大変な思いをたくさんしましたが、それ以上に多くのことを学んだ半年間でした。

この章では、素人の私がどのようにリフォームを学んだか、なぜ建築を学ぼうと思ったのか、そこで何を学び、感じたのかなどについて、書いていきます。

不動産投資は簡単ではない

私たちが3棟一括アパートを購入したのは、東京に通い出して2年目の12月末でした。

結局、当初目指したような不動産投資の収入で東京に通うことはできませんでした。

最後まで、節約と倹約の大学生活でした。

でも、このアパートのおかげで、今は安定した収入が得られるようになりました。

大家になった直後は、大変でした。

2月に入り、引っ越しのシーズンになると、退去する方が4人も出たのです。一気に退去が決まり、本当にビックリしました。

もともと、このアパートは3棟で18室ありますが、お部屋は1Kのシングル向けのため、入居期間が短いのです。
今でも空室が出るたびにハラハラ、ドキドキしています。

また、アパート経営では、家賃収入が全て利益になるわけではありません。
管理会社さんに支払う管理費、税金、修繕や原状回復の費用もかかります。原状回復というのは、入居者さんが引っ越した後、汚れたところや壊れたところなどを元に戻すことをいいます。

たとえば、ヘビースモーカーの人が住んだ後に、クロスを全面交換するとかなりの費用がかかります。
また、自分でできそうな小さな修繕でも、勝手がわからず、管理会社さんに頼むしかありませんでした。

私は、アパートにかかる経費を知って、「もし自分で修繕ができれば、利益がもっと増えるのに…」と考えるようになりました。

職業訓練学校で建築とリフォームを学ぶ

私は、いいと思ったことは、何でもやってみたくなる性格です。

ですから、アパートのリフォームにも挑戦してみようと決めました。

でも、大工仕事は全くやったことがありません。


大工仕事を覚えるために、「工務店にアルバイトに行こうか」、「大工さんに弟子入りしようか」、と悩んだときに知ったのが、職業訓練学校でした。

さっそく、パンフレットを取り寄せ、申し込むことにしました。

東京での声楽の勉強を終えたばかりの、2010年4月のことです。


私が通ったのは、秋田県潟上市にある職業訓練学校です。期間6ヶ月の「住宅サービス科」でした。

このコースでは、最初の1ヶ月は、パソコンの建築CADを使って製図をしたり、請求書の書き方を学んだりします。

ビスを使わずに木材を組み立てました

足場を組んで屋根や外壁も施工しました
秋田杉を使ったので、作業場はいつもよい香りがしました

その後は、5ヶ月かけて、在来軸組工法で住宅を建てながら、建築やリフォームの方法を学んでいくのです。

他にも、内装、足場の組み立て、解体作業、測量の仕方、カンナやノミを使った木の加工などを学びました。

私のクラスは、約30名、ほとんどが年上の男性です。

その中でいくつかグループを作り、共同作業をします。

初めての肉体労働、今まで出会ったことがないタイプの方々と接することで、最初は緊張しっぱなしでした。

「おねーちゃん、ほんとにできるんだが?（秋田弁）」とおじさんたちにからかわれることばかりです。

使う木材も電動の工具も信じられないほど重く、毎日、筋肉痛との戦いでした。

それでも1ヶ月もすると、おじさんたちとも仲良くなりました。

毎日が新鮮で、学ぶことが楽しく、充実した日々を過ごすことができました。

職業訓練学校で学んだ二つのこと

職業訓練学校の6ヶ月では、大きく二つのことを学びました。

一つ目は、住宅の構造や職人さんの仕事について、理解できるようになったことです。

これまでは、住宅の根本的な構造が理解できていなかったので、リフォームの方法もさっぱりわかりませんでした。

構造がわかるようになると、「ここをこうすればいいんだ」と解決方法に見通しが付くようになりました。

おかげで今では、簡単なリフォームは自分でできます。とくにクロス（壁紙）の貼りかえは、かなり自信があります。

また、構造や仕事を理解したことは、業者さんに仕事をお願いする場合にも役立ちます。

これまでは、リフォーム費用の見積もりが出ても、本当に必要な工事なのか、料金が高いのか安いのかもわかりませんでした。

それが、職業訓練学校で学んでからは、価格のだいたいの相場がわかるようになりました。

丁寧な仕事とそうではない仕事の見分けも付くようになったので、きちんと仕事をしてくれる業者さんとだけお付き合いができるようになりました。

二つ目は、一緒に働く仲間の大切さです。

半年間、みんなで一つの建物を工事していると、さまざまなことが起こります。

上手く作業が進まないときや意見が食い違うこともあります。

そんなときは、「どうやったら段取りよく仕事を進められるのか」、「気持ちよく働けるのか」を考えながら作業するようになりました。

心を一つにしないと、決してよい仕事はできないので、協力して仕事を進めることが一番大切なのです。

みんなで何とか家を完成させたときは、うれしさがこみ上げてきました。半年間、楽しいこと、大変なことを経験して、大切な仲間を作ることができました。

訓練が終了した今も、仲間にはアパートの修理の仕事をお願いしていますし、訓練所の先生にも、物件購入の際に土台や構造を見てもらっています。私の2回目のリサイタルにも、仲間のみんなが蝶ネクタイをして聴きに来てくれました（笑）

今や私にとって、心強いチームのメンバーです。

築古物件のリフォームにチャレンジ

職業訓練学校を終了して3ヶ月後の2010年12月、ついにリフォームに挑戦する機会が訪れました。

不動産屋さんに勤める友人が築17年のアパート（詳しくは、96ページ）を紹介してくれたのです。

この物件は、初めは1100万円で売り出されたアパートです。

売り主さんが「アパート経営をやめたい」と早く売りたがっていたため、入居付けもせず、全室空室でした。

このような状況だったため、値引き交渉が成功し、最終的に700万円で購入することができました。

友人が上手く交渉してくれたおかげだと思っています。

全室空室だったこのアパートは、長く人が住んでいなかったため、傷みがはげしく、全面リフォームが必要でした。

それまでは、リフォームも管理会社さんにお願いしていましたが、職業訓練学校の成果を生かすためにも、セルフリフォームに挑戦することにしたのです。

厳しい寒さの中のリフォーム

初めてのリフォームは、かなり大変でした。
このアパートは12月末に購入したため、リフォーム開始は1月5日。
秋田の冬は厳しく、氷点下の中での作業が続きました。
バケツにくんでおいた水が、次の日には凍っているほどの寒さです。

リフォームの内容は、畳の部屋をフローリングにしたり、壁と天井のクロスをすべて交換したりです。

とくにフローリングを敷く工事は、大変でした。なかなか床の高さが合わず、何度も床板をはがしてやり直しました。

クロスの貼りかえも慣れていないため、うまくできません。6室分の交換で2週間以上かかってしまいました。

寒さと失敗の連続で、くじけそうになることが何度もありました。

もし、仲間に手伝ってもらえなかったら、途中であきらめていたかも知れません。

結局、この物件のリフォームとクリーニングには、約2ヶ月間かかりました。

その後、入居募集を行い、現在は無事満室になっています。

寒い時期のリフォームは大変でしたが、完成したときの喜びは、これまで味わったことがないほど大きなものでした。

物件を安く購入できたことと、リフォーム費用を抑えられたことで、このアパートの利回りは、今までの物件よりもかなり高くなりました。

床下に落ちていた釘や木くずを拾います

寒くないように、床板をはがして断熱材をしきます

コンパネをビスで固定していきます

フローリング材をボンドでつけます。ケーキのデコレーションみたい！

お部屋のクロスをていねいに貼っていきます

ホームセンターで買ったものを軽トラで運搬

大家としての価値観が変わった

今振り返ってみると、この物件のリフォームやクリーニングをするようになって、大家としての考え方も大きく変わりました。

実は、大家になりたてのころは、管理は、業者さんに任せておけばいいと思っていました。だから、入居者さんと顔を合わせることもほとんどありませんでした。

でも、自分の手でリフォームしていると、物件に対する愛情がどんどん湧いてきます。

リフォームなどをしているときに、入居者さんとお話しするようになると、「この方たちがアパートを借りてくれるんだ」という実感が湧いてきました。

そして「入居者さんとの関わりもいいものだな」と思えるようになってきたのです。それからは、アパート経営がより楽しく、自分らしいものになってきた気がします。

初めは、収入源の一つとしてはじめた不動産投資でした。

でも、さまざまな経験をして、仕事にやりがいを感じられるようになり、大家になって本当によかったと思っています。

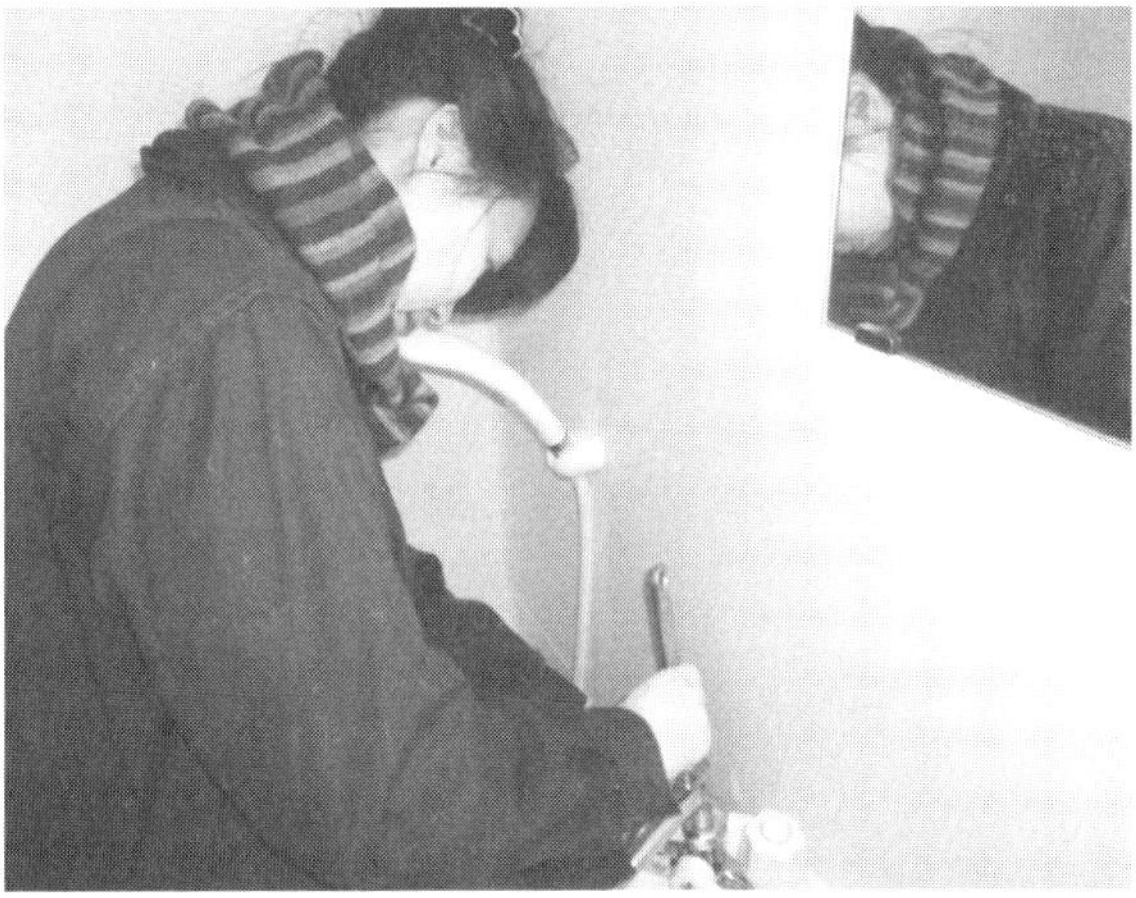

古くなったシャワーヘッドを交換します

エアコンの洗浄も自分でします

Column

建築の心

訓練所の先生は、3名いらっしゃって、貴乃花親方似のA先生、私より若くてかわいいビーバーちゃんに似ているB先生（女性）、そして、ちょっぴりピノキオに似ているC先生です。

職業訓練学校の住宅サービス科では、日本の建築の心についても学べたと思います。

日本の在来軸組工法を学んだのですが、ビスを使わずに木を組み合わせていく技術の高さには本当に驚きました。

同じ訓練生の韓国人のDさんも「日本の建築技術はすごいよ～、韓国はコンクリートばっかりだよ～」といつも感心していました。

また、訓練所に入った日に、先生に習った言葉があります。

宮大工棟梁・西岡常一さん（法隆寺、薬師寺を修理した方です）の家に、代々伝わる口伝の教えです。

塔組は木組。木組は木の癖組。木の癖組は人組。
人組は人の心組。人の心組は棟梁の工人への思いやり。
工人の非を責めず己の不徳を恩え。

私は、建築を体験して、建築に携わる人たちの建物に対する思いの深さを知りました。
大工さんが建ててくれた建物を管理する身として、私の物件たちを大切に心を込めて管理していきたいと思っています。

7章

ソプラノ大家さん流「夢を叶える8カ条」

ここまで、私がどのように夢を追いかけ、実現してきたのかを書いてきました。

私の夢は、プロの声楽家としてずっと歌い続けることでした。

この夢を叶えるためには、いくつもの壁がありましたが、そのたびに努力や工夫をして、何とか乗り越えることができました。

壁を乗り越えるたびに、さまざまなことを学び、新たな夢が広がりました。

たくさんの仲間と出会えたことも大きな喜びです。


この章では、私がこれまで、夢を叶えるために実践してきた方法をまとめました。

心のもち方を少し変えるだけで、夢への道のりはずっと楽しく、素敵なものに見えてくるはずです。

どれも簡単にできることですので、ぜひ実践してほしいと思います。

その1

自分の夢をはっきりと描いてみよう

「夢を叶えたい！」と思ったら、まずは自分の夢をはっきりと描いてみることが大切です。

夢を描けるようになると、「こうなるためにがんばる」というモチベーションが高まりますし、自分のやるべきことがはっきりと見えてきます。

たとえば、「歌手になりたい！」と思うなら、どんな曲を歌いたいのか、どんなステージに立ってみたいのか、できるだけ具体的にイメージします。

そうすると、何を勉強したらいいのか、お金はどのくらい貯めたらいいのか、次の行動が見えてきます。

私は夢を描くときには、3年後のなりたい自分を想像するようにしています。3年よりも長くなると、夢が壮大になりすぎますし、それよりも短いと夢を叶えるプロセスが険しくなりすぎるからです。

そして、夢を具体的に描くことができたら、それを達成するためのステップを考えます。

3年後に夢を実現するとしたら、1年目はここまで、2年目はここまで達成しようという目標を決めるのです。

私は、それをお気に入りの手帳に書いて、ときどき見返すようにしています。こうすると、だんだん自分の潜在意識にすり込まれて、いつの間にか夢を実現する方向に進んでいけるようになります。

もちろん、この夢へのステップは、修正することもあります。もし、1年目の目標が達成できそうもなければ、下方修正すればいいのです。

だって、ワクワクする夢を叶えるのに、その過程が苦しすぎたら、夢の実現が楽

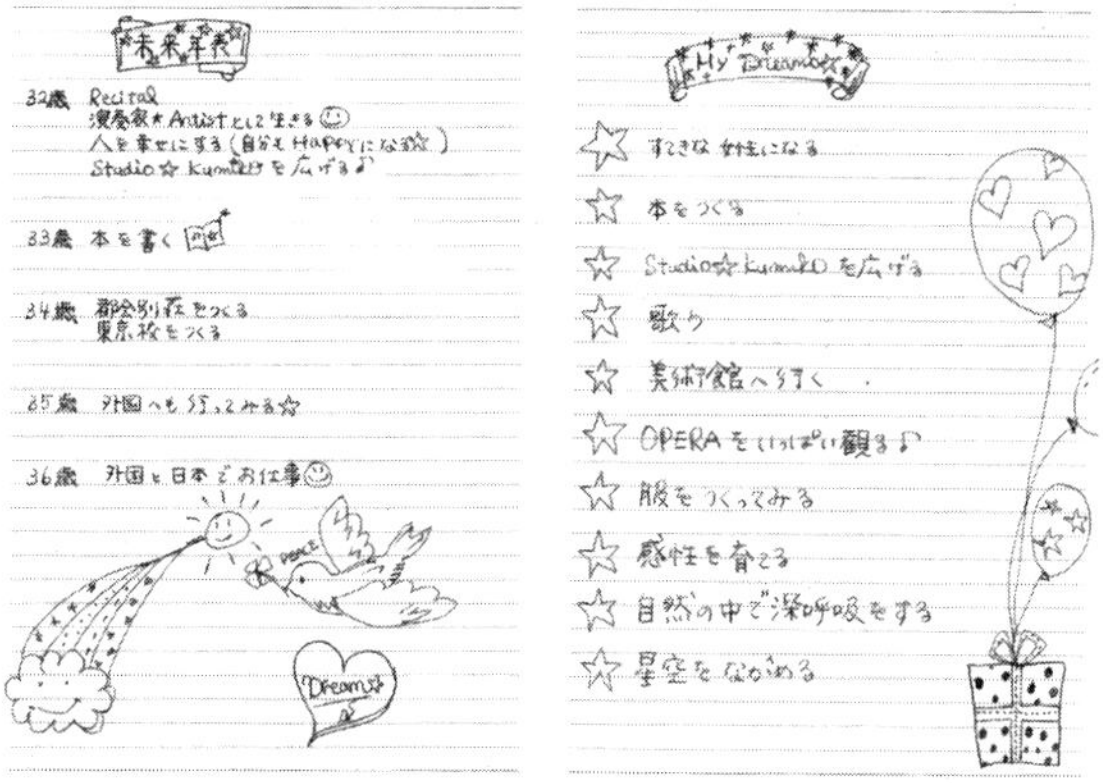

私がいつも書いている「夢ノート」

しくなくなってしまいますよね。

大切なのは、夢を叶えるためのプロセスも、楽しむことです。

すぐに結果が出なくても、落ち込むのではなく、「前より少し夢に近づいた」と考えることです。

夢に近づいた実感をもつことが、さらに前へ進む原動力につながるはずです。

その2

まずは、一歩をふみ出そう

自分の夢を描けるようになって、何かをはじめようと思ったときは、私は、とりあえず一歩をふみ出すようにしています。

アナウンスのスクールに通ったときもそうでした。

「やろうか、どうしようか」迷っていても前へは進めません。ですから、私は思いきって、学校の申し込みをしてしまいました。

通ってみると、素晴らしい先生や素敵な仲間に出会うことができました。本当に、案ずるより産むが易しです。

また、不動産投資でもそうでした。

物件を探して、気になるものがあれば、私はすぐに不動産屋さんに電話をしてみます。

電話をすると、紙面ではわからない、さまざまな情報を得ることができます。

アポを取ってしまえば、もう行くしかありません。

そうすると、「じゃあ、これを準備して行かなきゃ」とか、「不動産屋さんには、こんな質問をしよう」というように、具体的にやるべきことが決まってきます。

そして、物件を見続けると、その善し悪しもわかるようになってくるのです。

私は楽な方に流されやすい性格なので、まずは一歩をふみ出して、逃げ道をなくしてしまいます。

そこからは自分の力を信じて進むのみ。今は、この方法が気に入っています。

その3
ワクワクする方に進んでみよう

私は、東京に声楽の勉強に行ったときも、職業訓練学校で建築を学ぶことにしたときも、本当は不安でいっぱいでした。

それでも、チャレンジすることにしたのは、何かワクワクすることが起こりそうな予感がしたからです。


不動産を買うときも、いつもそうです。

「この物件を買ったらどんないいことがあるのだろう」と考えています。

「どんな人が住むのだろう」

「この物件に住む人には、どんな幸せな未来が待っているのだろう」

と、想像をふくらませていきます。


逆に、先のことを思い浮かべてもワクワクしないこともあります。

そんなときは、いくら人にすすめられても、やらないことにしています。

ワクワクしないことは、楽しくできないと思いますし、きっとがんばれないと思うからです。


夢を叶えるためには、ワクワクする気持ちをパワーに変えることです。

自分の目線を、目の前の不安ではなく、その先の成功に合わせるのがポイントです。

その4
運をつかむ準備をしよう

私がメディアにでるようになったのを見て、「運がいいね」と声をかけてくださる人がいます。

実際、今、自分が置かれている状況を考えてみると、あまりに恵まれていて、驚いてしまいます。

でも、私は「自分が運がよかっただけ」とは思っていません。

「しっかり準備をしていたから、運をつかむことができた」と思っているのです。

私は、運は誰にでも平等に訪れるものだと感じています。

運がよさそうに見える人は、近づいてきたチャンスをしっかりとつかんでいる人だと考えています。

だからこそ、常に自分の夢を意識して、それに向かって準備をしておくことが大切です。

たとえば、大きなステージで歌う機会をいただいても、それに見合う実力を付けていなければ、聴きに来てくれた方に喜んでいただくことはできません。

そうなると、次のチャンスは決してやってこないのです。

夢を実現できるチャンスは必ずやってきます。

ですから、そのときを信じて、しっかりと準備をしておくことが大切なのです。

その5

ポジティブな人になろう

夢を叶えられる人、チャンスを生かせる人はポジティブな人です。

明るく、物事に対して前向きな考え方ができる人です。

不思議なものでそんな人の周りには、同じようにポジティブな人が集まってくるものです。


では、ポジティブな人になるには、どうしたらいいのでしょうか？

まずは、自分の行動を、前向きなものに変えていけばいいのです。

これは、実はとても簡単なことです。

それでは、私がいつも実践していることを紹介していきますね。

①反応のいい人になる

これは、「打てば響く人」という意味です。

たとえば、相手がお話しているときは、私は相手の目を見て、相づちを打ちながら、聞くようにしています。

もし、面白い話をしてくださったら大笑いしますし、珍しい話だったら、大いにビックリします。食事に行っても、「おいしい～」と喜べる方が、その場も楽しくなりますよね。


また、反応がいいというのは、仕事でもいえることです。

何か提案していただいたら、すぐに実践してみます。

メールをいただいたら、できるだけ早く返信します。

人に紹介していただいたら、紹介してくれた人に喜んでいただけるように、しっかり仕事をするのです。

だれでも自分の言動に対して、すぐに反応してくれるとうれしいものですよね。

②テンションを高くする

私は人と電話をしたり、お会いしたりするときは、テンションをかなり高くしています。

たとえば、電話に出るときでも、相手に自分の笑顔が浮かぶような、明るい声を出すようにしています。

楽しいこと、うれしいことがあるとテンションが上がります。すると、自然に笑顔が浮かび、声のトーンが高くなりますよね。

それが人とお会いするときのイメージです。

私は、人に会うと、よく「何かいいことがあったんですか？」とか、「チョコレートいっぱい食べましたか？」と聞かれることがあります。

教室の子どもたちが、「先生って、毎日幸せでしょ！」といってくれることもあります。

慣れるまでは大変かも知れませんが、今よりも「ちょっとだけ、高いトーンでお話しする」、「ちょっとだけ、笑顔にしてみる」。ぜひ、これらのことをがんばってみてくださいね。

③ポジティブな言葉を使う

仕事で疲れていたりすると、ついついグチっぽくなったり、ネガティブな言葉を使ったりしてしまいがちです。

そんなときこそ、あえてポジティブな言葉を使うようにします。

たとえば、「疲れたなあ」とか、「明日は休みたいなあ」と話すと、たとえ独り言だったとしても、耳から、言葉が自分の中へ入ってしまいます。

ですから、このような言葉は、できるだけ使わないことです。

これは、人とお話しているときも同じです。

友達がびっくりするような話をしてくれたら、「うそ〜」というよりは、「すごい、素敵だね！」という方が、いわれた人は気持ちがいいですよね。

このようなことに気をつけていると、周りの人からも「ポジティブな人」と認識されるようになってきます。

すると、だんだんネガティブな人や話題が寄りつかなくなります。

それでも、「集まるといつもネガティブな話題になってしまう」ということであれば、その集団とは離れ、別のコミュニティを作っていく勇気も必要です。

その6

一つ一つの出会いに全力を尽くそう

私がチャンスを広げるために意識していることが、二つあります。

まず一つは、周りの人に興味をもっていただくことです。

私の場合は、「女性の声楽家なのに、大家さんをしている」ということに、みなさんが驚かれます。

名刺に、歌うときのドレスの写真と、リフォームするときの作業着の写真を載せて、そのギャップを強調すると、さらに関心をもってくださいます。

自分に関心をもっていただき、相手が心を開いてくださると、その後の付き合いもしやすくなります。

「こんなことをしたら、みんなは喜ぶだろうか」と想像しながら、セルフプロデュースの方法を考えてみてはいかがですか。

そして二つ目は、人に直接会って、ご縁をつなぐことです。

最近は、声楽や不動産投資関連で、これまでよりも大きなお仕事をいただけるようになりました。

それは、さまざまな機会を通じて出会った人から紹介していただいたものです。

ブログやメルマガなどもやっていますが、それは私の存在を知っていただくための、ほんの入り口に過ぎません。

そこから、実際のお仕事につなげるためには、直接人と会って、お話しをして、より深く自分を知っていただくことが大切です。

人と人とのご縁は、どのようにつながっているかわかりません。

今日、これから出会う人から、夢につながるチャンスをいただけるかもしれないのです。

ですから、日々お会いする方によい印象をもっていただけるように、誰に対しても常に全力で接しておくことが大切です。

その7

夢を応援し合える仲間をもとう

夢を叶えようとがんばっていてもなかなかうまくいかず、モチベーションが下がってくることもあります。

そんなときに、夢を応援してくれたり、切磋琢磨したりする仲間がいると、心強いものです。

では、夢を応援してくれる人を見つけるにはどうしたらいいのでしょうか？

まずは、周りの人に応援してもらえるような夢をもつことです。

たとえば、歌手になりたいと思ったとき、「有名になって、お金持ちになりたい」

と考えるよりは、「みんなに、よい演奏を聴いてほしい」と考える方が、周りの人に共感してもらえます。

自分だけ得をするよりも、みんなが喜んでくれるような夢をもつことが大切なのです。

また、周りの人の夢を応援することも大事です。

その人の夢のために、自分ができることを考え、実践してみます。

そうすると、自然にその人も自分の夢を応援してくれるようになるのです。

お互いの夢を応援し合える仲間が増えてくると、あなたの周りには、夢を実現しようとするパワーが溢れてきます。

そうなると、夢の実現は、着実に近づいてくるはずです。

その8

感謝の気持ちをパワーに変えよう

がんばるモチベーションが、最も湧いてくるのは、「この人のためにがんばろう」とか、「この人を喜ばせよう」と思ったときです。

みなさんの周りには、いつも優しい言葉をかけてくれる人、困ったときに助けてくれる人がいるはずです。

また、みなさんが大切に思っている家族や友人もいますよね。

そんな人に感謝の気持ちを向けましょう。

その人たちの顔を思い浮かべながら、がんばってみるのです。

私は、気持ちが負けそうになったときは、家族や大切な人たちの顔を思い浮かべるようにしています。そして、「この人たちに喜んでもらえるようにがんばろう」と思うのです。そうすると自分の中に、勇気とパワーが湧いてきます。

怒りや悲しみがモチベーションになることもありますが、私は感謝の気持ちが最も大きなパワーになると思っています。

相手を想う気持ちが、前へ進むエネルギーに変わり、夢はきっと実現できるのだと信じています。

エピローグ

ここまで、私の本を読んでいただき、本当にありがとうございます。

この本に書いてきたように、私は、「プロの声楽家になる」ことを夢見て、一生ステージに立ち続けることを目標に生きてきました。

そんな私に、新しい、やりがいのあることが見つかりました。

それは、これから「夢を叶えたい！」と思っている人を応援することです。

私の教室には、歌手になりたい人や芸能界に入りたい人など、希望をもった方がたくさん通って下さっています。

そんな方々の生き生きと歌う姿や一生懸命レッスンする様子を見ていると、とても新鮮で、応援したい気持ちが湧いてきます。

私の中で印象に残っている生徒さんがいます。

「子どものころから、親にも言えず、密かに抱いていた夢がありました。それを心の中にしまい込んだまま、進学をしたり、就職をしたりしていました。でも、私、やっぱり、声優さんになりたいです！」

そういって、ある日突然、私の教室を訪ねてきた生徒さんがいました。

その生徒さんは、「先生に出会って、夢に突っ走る勇気をもらいました！」といってくれて、毎週、熱心に練習に励みました。

その後、まもなく、彼女は声優のオーディションに合格し、東京で一人暮らしをはじめました。今は、夢へのチャレンジの真っ最中です！

この本を読まれた方の中にも、実現したい夢がある方がたくさんいると思います。

ぜひ、自分の夢に、チャレンジしてください。

人生に、「もう遅い」ということはありません。たとえ小さな一歩でも、勇気をもって踏み出してみてください。

それを続けていれば、周りの人が応援してくれるようになります。そして、いつの間にか夢に近づいていることを実感できると思うのです。


私の本が、夢を実現したいと思っている方の助けになれば、本当に幸せです。


本の中に書いてきたように、この3年ほどで、私の人生は大きく変わりました。

今、これまでの日々をふり返って改めて感じるのは、周りの人たちに助けられてきたということです。


主婦でありながら、毎週東京へ通うことを決断し、経済的にも、家事の面でも主人には、本当に迷惑をかけました。

思いこんだらまっしぐらの私を支えるのは、かなり大変なことだったと思います。

「夢をあきらめず、チャレンジし続ければ、きっと叶う」そう信じてやってこられたのも主人の協力があったからこそです。本当にありがとう！

私にいつも新しいステージや課題を与えてくださる先生方、一緒に演奏したり、夢を語り合ったりした友人たち、いつもありがとうございます。

みなさんのおかげで、充実した音楽生活を送れています。

また、不動産投資も素人だった私が、ここまで何とかやってこられたのは、管理会社さんをはじめ、職業訓練学校の先生や仲間たち、職人さんたちが協力してくださったおかげと感謝しています。

最後になりますが、私がこの本を出版できたのも、たくさんの方々に支えていただいたおかげです。

まずは、「ソプラノ大家さん」として活動するきっかけを作ってくださった、ダイヤモンド・ザイ・オンライン、尾川賢志編集長、表紙の写真を撮ってくださった和田佳久カメラマン。

私をメンバーに加えてくださり、「アパート経営フェスタ２０１１」など、新しい世界に導いてくださった、チームワーク抜群の満室経営新聞プレミアムのみなさん。

東京には、ほとんど知り合いもいなかった私に、たくさんのカリスマ大家さんを紹介してくださった、赤井誠さん。

いつもありがとうございます。これからもよろしくお願いします！

そして、私の活動を見つけてくださり、出版までさまざまなサポートをしてくださったごま書房新社のみなさんには、感謝の気持ちでいっぱいです。

本当にありがとうございました。

２０１２年１月

with lots of love ♡

ソプラノ大家さんこと菅原久美子

読めばハッピー大家になれる

ソプラノ大家さんのオススメ不動産投資本&情報源

【はじめての人にも読みやすい、不動産投資の本】

「めちゃくちゃ売れてるマネー誌ZAiが作った　恐る恐るの不動産投資」
まりお×ダイヤモンド・ザイ編集部/著（ダイヤモンド社）

「満室大家さん12人の極意を盗め！不況に強い「不動産経営」50の戦略」
石原 博光/著（ソフトバンククリエイティブ）

「あと5年で会社を辞めて豊かに暮らす仕組みのつくり方」
山田 里志/著（ごま書房新社）

【不動産投資の全体像が分かる本】

「知識ゼロでも大丈夫！基礎から応用までを体系的に学べる！不動産投資の学校［入門編］」
日本ファイナンシャルアカデミー/編著（ダイヤモンド社）

「ゼロからの不動産投資」　赤井 誠/著（すばる舎）

「「金持ち大家さん」になる！ アパ・マン成功投資術」
浦田 健/著,日本不動産コミュニティ/監修（日本実業出版社）

「40代からの堅実不動産投資―お宝人生設計でリストラ・老後も不安なし！」
沢 孝史/著（筑摩書房）

【著者のサクセスストーリーが描かれた本】

「満室チームで大成功！全国どこでもアパート経営」
寺尾 恵介/著（筑摩書房）

「新版 30歳までに給料以外で月収100万を稼ぎ出す方法」
峯島 忠昭/著（ごま書房新社）

「働かずに年収333万円を手に入れて「幸せ」に暮らそう！」
竹内 かなと/著（ごま書房新社）

【融資や税務の知識が付く本】

「学生でもできた! 逆転不動産投資術 低所得・保証人無しで融資を受けて専業大家」

石渡 浩/著（ぱる出版）

「大家さん税理士が教える 不動産投資で効率的にお金を残す方法」

叶 温/著（ぱる出版）

「決定版! 大家さんのためのアパ・マン経営の満額融資完全マニュアル」

小川 武男/著（すばる舎）

【著者オリジナルの投資法が解説された本】

「まずはアパート一棟、買いなさい! 資金300万円から家賃年収1000万円を生み出す極意」

石原 博光/著（ソフトバンククリエイティブ）

「元手300万円で資産を永遠に増やし続ける方法」

松田 淳/著（ぱる出版）

「アパート投資で成功したいなら誰も買わない空室ボロ物件を狙いなさい」

中村 一晴/著（ぱる出版）

「サラリーマン大家さんのための絶対失敗しない物件選び」

藤山 勇司/著（廣済堂出版）

「儲かる新築アパート・マンションの作り方」

沢 孝史、佐藤 直希、倉茂 徹/著（筑摩書房）

【満室経営の工夫や管理の方法がわかる本】

「アパ・マン137室入居率97.4%の満室経営バイブル」

今田 信宏/著（かんき出版）

「みんなが知らない 満室大家さんのヒミツ」

寺尾 恵介、工藤 一善/著（ぱる出版）

「「金持ち大家さん」になる! アパ・マン満室経営術」

浦田 健/著,日本不動産コミュニティ/監修（日本実業出版社）

「助けてクマさん! 賃貸トラブル即応マニュアル」

熊切 伸英/著,倉橋 隆行/監修（週刊住宅新聞社）

【女性の視点から書かれた不動産投資の本】

「専業主婦が年収1億のカリスマ大家さんに変わる方法」

鈴木 ゆり子/著(ダイヤモンド社)

「『夫婦円満』『楽しく資産を増やす』10人のサクセスウーマンが実践する！

人生㊢不動産経営のススメ」

内海 芳美、石井 由花、加藤 千春/著(ごま書房新社)

「主婦でも大家さん 頭金100万円でアパートまるごと買う方法」

東條 さち子/著(朝日新聞出版)

本以外の情報源としては、大家向けの新聞も発行されています。

「月刊！満室経営新聞」http://manshitsu.info/(不動産投資エンカレッジ発行)など、ネットの情報が増えてきていますので、ぜひチェックしておきましょう。

ちなみにソプラノ大家の連載もあります！

【不動産投資の情報誌】
「週刊全国賃貸住宅新聞」(全国賃貸住宅新聞社)
「家主と地主」(全国賃貸住宅新聞社)

大家さんに役立つサイトも多いです。大家さん同士で質問ができるサイトもあります。
また、ブログで不動産投資の情報を発信している大家さんも多いです。中でも日々の仕事の様子を綴ったブログは、とても参考になります。ここでは、私がいつも見ているものを紹介します。

【不動産投資に役立つホームページ】

「大家TO大家さん」 http://www.ooya-to.com/
「となりの大家さん」 http://t-oya.net/

【日々の不動産投資の活動がわかるブログ】

「賃貸管理クレーム日記」 http://tintaikanri.livedoor.biz/
「赤井誠の目指せ！ 資産3億 月収300万」 http://baby.dtiblog.com/
「黄金ガールの なんてったって不動産が好き」
http://plaza.rakuten.co.jp/realgoldgirl/
「母ウッチーの妄想いっぱい不動産話！」 http://ameblo.jp/hahaucchi/
「投資家けーちゃん 勝利への道程」 http://toushika-keichan.com/
「二代目元銀行員 岡元公夫の東京大家スタイル」
http://okamotomikio.blog63.fc2.com/

ここまで不動産投資について説明してきましたが、この本に書いたことは、ほんの入り口に過ぎません。
本格的に不動産投資をはじめようという方は、ぜひ自分から情報を取り入れてほしいと思います。勉強すればするほど、不動産投資の成功の確率は上がっていくはずです。

著者略歴

菅原　久美子（すがわら　くみこ）

1978年　秋田県生まれ。秋田大学教育文化学部卒業。二期会準会員。

15歳の時に声楽をはじめる。第2回秋田県青少年音楽コンクール声楽部門にて、大賞並びに最優秀賞受賞。高校在学時に1年間、米国フロリダ州Lake Howell 高校に留学。留学中、National Honor Society 受賞。

主婦をしていた30歳の時、夢を追い求め、聖徳大学でオペラとミュージカルを学ぶことを決意。さらに同時期に不動産投資を始め、約2年で5棟30室（総資産1億4000万円）の大家となる。

日々の大家生活を綴ったブログがマスコミに注目され、マネー雑誌「ダイヤモンド・ザイ」、「全国賃貸住宅新聞」などへも登場する。

ソプラノ歌手としても、秋田で主催リサイタルを開催するなど夢に向かって邁進中。さらに2012 ミス・ユニバース・ジャパン秋田大会ビューティーキャンプ講師など幅広いジャンルでも活躍している。

最近は、主婦業、ソプラノ歌手、大家業と兼任して秋田市でボイストレーニングと英会話の教室、「スタジオ☆くみこ」を主宰するなど多忙な日々を過ごしている。

☆HP「スタジオ☆くみこ」　http://kumiko-sugawara.com/
☆ブログ「ソプラノ大家さんのワクワク不動産投資日記」
http://ameblo.jp/soprano-ooyasan/
☆メルマガ「ソプラノ大家さんのハッピー☆不動産投資ライフ」
http://www.mag2.com/m/0001222734.html
☆ファイスブック
http://ja-jp.facebook.com/people/Sugawara-Kumiko/100002129668569

夢とお金をひきよせる
ソプラノ大家さん流 アパート投資のヒミツ

著　者　菅原 久美子
発行者　池田 雅行
発行所　株式会社 ごま書房新社
〒101―0031
東京都千代田区東神田2―1―8
ハニー東神田ビル5Ｆ
TEL 03―3865―8641（代）
FAX 03―3865―8643
カバー写真　和田 佳久
カバーデザイン　堀川 もと恵（@magimo創作所）
DTP　田中 敏子（ビーイング）
印刷・製本　新日本印刷株式会社

ISBN978-4-341-08502-5　C0034

ごま書房新社の本

ヤフオクで軍資金をつくり、不動産投資で無理なく稼ぐ

働かずに年収333万円を手に入れて「幸せ」に暮らそう!

ヤフオクと家賃で暮らす　竹内かなと　著

【セミリタイアへの最速の道はこれだ!】

ヤフオクで2億円以上売上げ、競売で16戸の戸建を落札。

この実績を生み出したマル秘ノウハウを、包み隠さず公開!

「ヤフオクって初心者でも儲かるの?」

「競売ってどうやって入札するの?」

そんな初心者でも、わかるようなわかりやすい解説も入れています。

会社務めに疲れた、もっと時間が欲しいという自由に憧れる方は今すぐ本書を読んでください!

1575円　四六判　264頁　ISBN978-4-341-08471-4　C0034